本书出版得到

国家自然科学基金项目“新型濒危石质文物仿生保护材料的合成及其界面能调控机制”（项目编号 50963005）与“濒危砖石质文物的盐结晶破坏及调控机制的研究”（项目编号 41261001）

资　助

石质文物保护

刘 强 著

科 学 出 版 社
北 京

内 容 简 介

暴露在野外的众多大型石质古迹，包括建筑、洞窟、石碑等，由于自然因素的风化作用和人为因素的破坏，许多文物的表面都已发生严重的劣化现象。如不采取有效措施，许多珍贵的实物记录将不复存在。所以，研制性能良好的石质文物保护功能材料已成为文物保护研究领域的迫切任务之一。但是，目前所使用的保护材料几乎都不能完全满足保护者的要求，这源自于文物保护“不能改变文物原状的基本原则”的苛刻要求。

本书首先介绍了石质文物的定义、价值和分类，以及构造文物岩石种类，说明了石质文物风化的作用类型，并在综合介绍了文物保护的概念、原则的基础上，论述了目前常用的保护方法和材料，以及保护材料的评价体系。最后，结合我们自己的工作，谈了一些目前较新的石质文物保护成果。

本书适合从事文物保护、科技考古等专业的研究人员及大专院校相关专业师生参考、阅读。

图书在版编目（CIP）数据

石质文物保护／刘强著. —北京：科学出版社，2012. 12

ISBN 978-7-03-036181-3

Ⅰ. ①石…　Ⅱ. ①刘…　Ⅲ. ①文物保护　Ⅳ. ①K87

中国版本图书馆 CIP 数据核字（2012）第 297224 号

责任编辑：宋小军　樊　鑫／责任校对：张怡君

责任印制：赵　博／封面设计：美光制版

科 学 出 版 社 出版

北京东黄城根北街 16 号

邮政编码：100717

http://www.sciencep.com

北京厚诚则铭印刷科技有限公司印刷

科学出版社发行　各地新华书店经销

*

2012 年 12 月第　一　版　开本：720 × 1000　1/16

2025 年　7　月第九次印刷　印张：9 3/4

字数：176 000

定价：80.00 元

（如有印装质量问题，我社负责调换）

目　　录

第一章　石质文物

文物是人类在改造客观世界和主观世界的过程中遗留下来的遗物或遗迹，是历史的、民族的文化遗产，是社会文明和民族精神的物化载体。它们是考古学的重要资料，历史的重要物证，包含着社会、文化、艺术、科技等多方面的历史信息，既是世界各民族的历史载体，又是全人类共同的珍贵文化遗产。

文物数量很大，种类繁多，其中石质古迹和文物占有相当大的比例，这些珍贵的石质文物许多都已被列入《世界遗产名录》（以下简称《世遗录》）中，作为全人类共同的财富、共同继承的遗产，属于全人类所有，即使在战争中，也不能成为军事攻击的目标[①]。

在国内，如河南洛阳龙门石窟（2000年列入《世遗录》）、山西大同云冈石窟（2001年列入《世遗录》）、重庆大足石刻（1999年列入《世遗录》）、泰山石刻（1987年列入《世遗录》）、甘肃敦煌石窟（1987年列入《世遗录》）等，都是石质文物的典型代表[②]。

在国外，如非洲的孟菲斯狮身人面石像（埃及，1979年列入《世遗录》）、拉里贝拉独石教堂（埃塞俄比亚，1979年列入《世遗录》）、蒂亚石刻（埃塞俄比亚，1979年列入《世遗录》），亚洲的吴哥窟（柬埔寨，1992年列入《世遗录》）、婆罗浮屠（印度尼西亚，1991年列入《世遗录》），欧洲的雅典卫城帕特农神庙（希腊，1987年列入《世遗录》）、阿尔塔米拉洞窟（西班牙，1985年列入《世遗录》），等等[③]，举不胜举。

但是，由于石质文物的数量众多，体积大，不易移动，大部分分布在各种野外环境中，而且其组成材料多数是耐腐蚀性较差的无机矿物质，一般也没有采取任何保护措施，历经岁月沧桑，日晒雨淋，都受到了不同程度的破坏，风化问题严重，有些甚至已经危害到了文物的长久保存，如石窟风化侵蚀，石雕艺术品残破崩塌[④]。尤其是近代工业的发展和随之而来的环境污染，还有不同程度的、自觉或不自觉的人为破坏因素，更加速了石质文物的破坏速率[⑤]。如不采取有效措施，许多珍贵的实物记录将不复存在。

保护文物，实际是保护一个国家和民族的凝聚力、向心力，是对历史负责。基于对历史负责的态度，对石质文物采取相应的有效保护措施已经刻不容缓。只有这样，才可使文物长久存在，发挥其历史作用，并能充分利用这些优秀的文化遗产在21世纪的经济时代更好地发挥其“古为今用”之优势。

虽然，近年来很多国家已采取了有效的保护措施，应用先进的科学技术和设备，研制成功多种新型材料用于石质文物的保护与修复。但总的来说要完全解决石质文物的风化和保护问题还有很长的路要走。这对文物保护工作者来说，也是一项十分艰巨的任务。因此，研究石质文物的破坏机理及其保护措施是摆在我们面前的一个重要课题。

1.1 石质文物的定义

研究石质文物的保护，首先应了解什么是石质文物，其定义是什么？

在国际社会，由联合国教育科学文化组织（UNESCO，简称教科文组织）会议通过的一些有关保护文物的国际公约中，一般把文物称作为“文化财产（Cultural Property）”或者“文化遗产（Cultural Heritage）”，二者所指的内容并不是等同的。从公约所列举的具体内容来看，前者是指可以移动的文物，后者是指不可移动的文物。

例如，联合国教科文组织大会第十六届会议1970年1月14日在巴黎通过《关于禁止和防止非法进出口文化财产和非法转让其所有权的方法的公约》（Convention on the Means of Prohibiting and Preventing the Illict Import, Export and Transfer of Ownership of Cultural Property），公约对“文化财产”一词作了明确规定。它是指每个国家根据宗教的或世俗的理由，明确指定为具有重要考古、史前史、历史、文学、艺术或科学价值的财产。

1972年11月16日，联合国教科文组织大会第17届会议在巴黎通过了《保护世界文化和自然遗产公约》（Convention Concerning the Protection of the World Cultural and Natural Heritage）。公约规定文化遗产为“从历史、艺术和科学观点来看具有突出的普遍价值的建筑物、碑雕和碑画，具有考古性质成分或结构、铭文、窟洞以及联合体”。

2002 年 10 月 28 日，第九届全国人民代表大会常务委员会第三十次会议上通过的《中华人民共和国文物保护法》（以下简称《文物保护法》）对受国家保护的文物范围有明确的界定。《文物保护法》“第一章总则”的第二条规定[⑥]：

“在中华人民共和国境内，下列具有历史、艺术、科学价值的文物，受国家保护：

（1）具有历史、艺术、科学价值的古文化遗址、古墓葬、古建筑、石窟寺和石刻；

（2）与重大历史事件、革命运动和著名人物有关的，具有重要纪念意义、教育意义和史料价值的建筑物、遗址、纪念物；

（3）历史上各时代珍贵的艺术品、工艺美术品；

（4）重要的革命文献资料以及具有历史、艺术、科学价值的手稿、古旧图书资料等；

（5）反映历史上各时代、各民族社会制度、社会生产、社会生活的代表性实物。”

这就是说，凡是具有历史价值、艺术价值、科学技术价值的古代文化遗存都属于文物的范畴，亦即文物首先是一个实形物体，而这一物体是由特定历史时期的人们所生产创造的，因此，这一物体必然蕴涵着当时的社会政治、经济等各方面的信息。如果是天然物体，则必须是能够反映当时社会时代烙印的物体才能算作文物。这些物体同时必须具有历史、艺术、科技价值或至少具备其中一种价值。

为了便于科学管理文物，便于对文物进行整理研究和提供利用，特别是能够更好地保存文物，必须对文物加以分类。

文物分类就是按一定的方法，把具有同一特征的文物聚集在一起，把不具有这一特征的区别出来，这样按不同类别把文物组织起来。分类的过程就是根据不同标准，对文物的同与异集合、归类的过程。它是对文物进行整理研究、保护研究、科学管理、提供利用的中心环节。

文物的分类方法较多，主要有时代分类法，区域分类法，存在形态分类法，质地分类法，功用分类法，属性（性质）分类法，来源、价值分类法，等等。

其中，“质地分类法”是以制作文物的材料为标准，对文物进行分类的方法。由于组成文物的材料不同，所用材料多种多样，其要求存放环境也不同，所采取的保护处理方式以及修复保护材料、工艺也不相同，所以对文物藏品按质地分类优越性很大。当今我国博物馆文物藏品，大都采用按质地分类，即按制成器物的材料进行归类。西方博物馆也大多采用这种方法对文物藏品进行分类。

文物主要种类依质地分类应首先分为有机材料和无机材料两大类，然后再进行更细的分类⑦，即：

无机材料文物包括：①金属文物（金、银、铜、铁、锡等）；②石质文物（石质雕像、石刻、石碑等石窟艺术品，石刀、石斧等石制用具，以及玉器、宝石等）；③陶瓷文物（陶器、瓷器、玻璃、珐琅器等）。

有机材料文物包括：①纸质文物（古书集、绘画等）；②漆木器文物（竹器、木器、版画等）；③牙骨器文物（甲骨、牙雕、贝币、骨角器等）；④丝毛棉麻文物（丝织品、毛织品、棉麻制品）；⑤皮革类（皮革制品、羊皮书）。

所以说，石质文物就是文物中的一种，其制作所用的材料为各种石材。其中，既有比较大型的石刻雕像、洞窟、建筑等艺术品或遗迹、遗址，如龙门石窟、泰山石刻，又有小型的石质艺术品或器具，如石斧、玉器等。

1.2 石质文物的价值

文物的价值是客观的，是文物本身所固有的。2002 年通过的《中华人民共和国文物保护法》“第一章总则”明确指出文物具有历史价值、艺术价值和科学价值，尽管有人指出文物还有诸如审美、人类学等方面的价值，实际上，这些均可看做是上述三个价值的拓展。因此，石质文物的价值亦然。

1.2.1 历史价值

石质文物是一定历史时期，人类社会活动的产物，烙上了当时历史时代的烙印，记载了经历的历史留痕。因此，石质文物包含了当时及后续社会的诸多内容。

例如，著名的《泰山刻石》，由秦朝丞相李斯篆书，刻石原文222字，历经沧桑，现仅残存十字："臣去疾臣请矣臣"七字完整，"斯昧死"三字残缺。《泰山刻石》上的文字是为秦始皇歌功颂德之意。按照《史记·秦始皇本纪》记载：秦始皇统一天下后，为彰显自己、歌颂自己统一之功绩，在全国各地立了六块小篆碑刻，分别为峄山刻石、泰山刻石、琅琊台刻石、芝罘刻石、碣石刻石和会稽刻石。但大部分或毁，或不知去向，泰山刻石证明了《史记》记载的秦始皇刻石颂扬这段历史的真实存在。同时，泰山刻石的文字为小篆，也承载了秦始皇统一六国之后，由李斯负责进行统一全国文字的工作。将属于大篆系统的六国文字统一为小篆，结束了战国时期"文字异形"的局面。

再如，古希腊的雅典卫城，尽管经历了千年的演化、衰落，但是作为古希腊最杰出的建筑群，现在依然矗立着山门、帕特农神庙、伊瑞克提翁神庙、埃雷赫修神庙等雄伟建筑，这些古建筑无可非议地堪称人类遗产和建筑精品，在建筑学史上具有重要地位。迄今保存下来的这些大量的珍贵遗迹，集中展示了希腊的古代文明，真实地显示出古希腊政治、宗教和文化的历史环境，体现了当时希腊的物质生产、生活方式、思想观念、风俗习惯和社会风尚。同时，它们的演化也展现了文物古迹自身的发展变化。

1.2.2　艺术价值

石质文物的艺术价值内涵十分丰富，谈及文物，人们喜欢说"鉴赏"，所谓"鉴"主要是指对文物真伪的判断，亦即文物历史价值的体现过程；而"赏"则指是文物艺术价值的表现过程。据此而言，文物的艺术价值就是因为文物本身的艺术属性，及其给人们带来的艺术上的审美和借鉴、生活中的欣赏和愉悦。

例如，我们看到古代的石质建筑，会惊诧于它的空间构成、造型、装饰和形式美；看到吴哥窟、庞贝古城等遗址，会折服于其中的人文和城市的特殊风貌；看到我国不同地区的石窟寺，会被其中的雕刻、壁画、塑像等各种艺术的创意构思和表现手法所打动，这些都是石质文物的艺术价值所在。

1.2.3 科学价值

对于石质文物，一般人们关注于它的真与美，多是从艺术上去欣赏，或是探讨其历史背景，但是除去它的历史价值和艺术价值外，文物的科学技术内涵同样丰富。

例如，某处石质文物古遗址或景观的介绍，往往集中在它的历史传统角度，很少涉及科学方面，而这甚至恰恰是其丰富生动的精华所在。像小到一件工具类的石质文物，它的结构、材料和工艺，都给后来人认识它们所代表的当时科学技术水平，或其在科学技术发展过程中所处的环节提供了依据；大到大型的遗址、建筑、石窟寺等，其规划和设计，包括选址布局、生态保护、灾害防御，以及造型和结构设计等，都可以为今天提供重要的科学技术资料和借鉴。这些就属于石质文物的科学价值范畴，虽然这些从纯科学技术角度来看，可能已经远远落后了，但是这丝毫不降低其在科学史和技术史方面的价值，甚至有些石质文物本身就是某种科学实验及生产、交通等的设施或场所，如古罗马的高架输水道，所以这其中承载着重要的科学技术资料。

石质文物的历史价值、艺术价值和科学价值，是互相联系，不可分割的。比如站在我国的三大石窟面前，其造型的凝重优美，装饰精致细腻，给人以震撼的艺术美感。但是透过这些外在的表现形式，我们又可以了解当时社会的文化和风俗，并且可以探知当时的石材加工和开发工艺。再如，当前制作的石兽等，动辄高踞门前，多为粗质劣造之作，缺乏艺术价值，反映了当下某些流行的意识。所以，石质文物的历史价值、艺术价值和科学价值是相伴而在的，这才愈发地显示出其长久的生命力。

1.3 石质文物的作用

石质文物的作用，是石质文物价值的具体体现。石质文物对社会所能起到的积极作用主要有史料作用、教育作用、借鉴作用和为科学研究提供资料的作用。当然，这三方面的作用也是文物通有的一般作用。

文物的价值和作用，其间有联系，又有区别。文物作用的大小，取决于文物价值的高低，因而文物的作用也会随着人们对文物价值认识的深化而变化。有时同样的文物，在不同时间、地点、条件下，其价值也会发生变化。这种变化通常不是改变或降低了它的固有价值，而是增添了新的价值。当然，这种情况只有在特定的条件下才会发生。

1.3.1 史料作用

石质文物的历史价值决定了其史料方面的重要作用。文物是人类历史发展的重要实物见证，并且不像史书经过了作者的加工，作为实物史料，其真实性、可靠性都是史书之类材料无法比拟的。因此，石质文物可以：①证实文献的记载（证史作用）；②校正文献的谬误（正史作用）；③补充文献记载的不足（补史作用）。

例如，1600 年左右，一位研究历史的学者在查阅罗马古书时，知道了古罗马历史上有一座庞贝古城，但是其确切位置却未知，而且现实中也不存在，后来，一位建筑师在挖河时发现了庞贝古城遗迹，又过了几十年，人们才真正开始挖掘这座古城。庞贝终于被人发现，史书上关于庞贝的记载遂被证实。

再如，自 20 世纪 90 年代开始，在云南省抚仙湖地区发现了水下石质古建筑群，尽管其具体的功用和建筑年代有待进一步研究考证，但其发现无疑对我国西南地区的古文明研究提供了重要的参考资料[⑧]。

1.3.2 教育作用

石质文物是重要的考古资料，承载着文物所属民族的发展历史，是认识本民族文明发展的重要物证。文物不仅是本民族的宝贵财产，同时也是全世界人类共同的珍贵遗产，记载着人类文明的进程。就像考古的任务一样，从学术角度看，考古是为历史研究提供物证；从终极目的看，考古应该是为人类文明的探源和其发展提供证明和依据，从而树立正确的价值观和历史观。文物，作为考古的重要材料，它的任务也不可避免地包含了这些方面，所以，石质文物的教育作用也是非常重要的。

例如，号称“万园之园”并且惊艳绝伦的圆明园，今天我们看到其衰败的惨相，想到清朝末期那段屈辱的中华民族史，我们要自强。可是想到外辱之后，那些所谓王侯贵族，甚至一般平民百姓都参与到对其“豪取强夺”之中，我们要反省，这些才能避免下一个圆明园悲剧的发生。

1.3.3 借鉴作用

石质文物是一定历史时期的产物，是该时期文化艺术和科学技术发展水平的见证。虽然，过去的文明相对今天的文明而言已经落后了，但这并不排除过去的文明对当今的借鉴作用，特别是在艺术方面，这种借鉴作用仍然毋容置疑地存在，甚至借鉴之外仍然有促进和发展。著名的大型民族舞剧《丝路花雨》就是以举世闻名的丝绸之路和敦煌石窟的壁画为素材创作的，被誉为“中国民族舞剧的典范”。事实上，众多的石质文物本身就是借鉴与发展的见证，像龙门石窟、云冈石窟、大足石刻等，其本身的开凿就历经百年，甚至数百年，这些石窟群中，人物形象神态各异、栩栩如生，雕刻精细，刀法娴熟，优美精致。在雕造技艺上，继承和发展了我国秦汉时代雕刻艺术的优秀传统，又吸取和融合了当时新出现的佛教艺术的有益成分，创造出具有独特风格的艺术品，在我国雕塑史上留下了重要的一页。即使在科学技术的借鉴与发展方面，我们也可以看到许多著名的例子，如赵州桥的造型对今天桥梁建造的启示，法国卢浮宫前的金字塔造型亦立刻使人联想起它的艺术灵感的源头——埃及大金字塔。

参考文献

① 丁义忠，蒋长瑜．人类之宝——世界文化古迹和自然遗址精粹．上海：上海科技出版社，2001.

② 杨立杰．被列入《世界遗产名录》的中国遗产地．http：//news3. xinhuanet. com /ziliao/2003-07/03/content_ 951834_ 1. htm，2006-10-18.

③ UNESCO World Heritage Centre. World Heritage List. http：//whc. unesco. org/en /list/，2006-11-21.

④ Chabas A，Jeannette D. Weathering of Marbles and Granites in Marine Environment：Petrophysical Properties and Special Role of Atmospheric Salts. Environmental Geology，2001，40（3）：359-368；Garcia-Vallès M，Vendrell-Saz M，Molera J，et al. Interaction of Rock and Atmosphere：Patinas on Mediterranean Monuments. Environmental Geology，1998，36（1-2）：137-149；Moropoulou A，Theoulakis P，Chrysophakis T. Correlation between Stone Weathering and Environmental

Factors in Marine Atmosphere. Atmospheric Environment, 1995, 29 (8): 895-903.

⑤ Vendrell-Saz M, Garcia-Vallès M, Alarcón S, et al. Environmental Impact on the Roman Monuments of Tarragona, Spain. Environmental Geology, 1996, 27 (4): 263-269; Van Grieken R, Delalieux F, Gysels K. Cultural Heritage and the Environment. Pure & Applied Chemistry, 1998, 70 (12): 2327-2331; Meierding T C. Marble Tombstone Weathering and Air Pollution in North Amerce. Annual of the Association of America Geographers, 1993, 83 (4): 568-588; Nord A G, Svärdh A, Tronner K. Air Pollution Levels Reflected in Deposits on Building Stone. Atmospheric Environment, 1994, 28 (16): 2615~2622; Metallo M A, Poli A A, Diana M, et al. Air Pollution Loads on Historical Monuments: An Air Quality Model Application to the Marble Arch of Titus in Rome. Science of the Total Environment, 1995, 171 (1-3): 163-172.

⑥ 全国人民代表大会. 中华人民共和国文物保护法. 北京：中国民主法制出版社，2002.

⑦ 郭宏. 文物保存环境概论. 北京：科学出版社，2001：6-13.

⑧ 李昆声，耿卫，张涛. 抚仙湖水下考古. 昆明：云南美术出版社，2008.

第二章　构造文物的岩石

石质文物是由不同类型的岩石雕刻、开凿或建造而成的。不同类型的岩石有不同的物质成分和结构构造，并具有不同的物理化学性质和不同的风化程度及特征，这些都是石质文物保护需要考虑的重要因素。所以，研究常见的构成文物的岩石，对于石质文物的保护具有十分重要的意义。

2.1　岩　和　石

日常生活中，说到岩石，人们会说花岗岩、大理岩，也会说大理石、花岗石等，但是“岩”和“石”有无区别呢？当然生活中可以说岩石不分家，但是在科学中，严格意义来讲，岩和石是有区别的。例如谈到岩，给人的印象首先是大，如山脉就是由岩石构成，而石则相对小些，如石头、石块、石材等。这虽不十分恰当，但也不无道理。确切地讲，岩即是一般理解的岩石，而石指的是组成岩的矿物。当然，日常中我们仍然会习惯地对它们不加以任何区别，笼统地称它们为岩石。

因此，谈到岩和石的区别，更确切地说应该是岩石和矿物的区别。可以说，岩石是由一种或几种由于不同地质作用所形成的矿物与其他组分的天然固态集合体，组成岩石的矿物就称为造岩矿物。岩石由一种或几种矿物组成，但岩石却不能构成矿物。造岩矿物一般是硅酸盐或碳酸盐矿物，当它们构成岩石时，含量有高有低，根据其在岩石中的含量，就可以分为主要矿物、次要矿物和副矿物。又因为矿物内部某些金属元素的含量不同，其颜色也有明显的变化，富含铁、镁等元素的矿物，颜色较深；富含硅、铝等元素的矿物，颜色较浅。

由一种矿物组成的岩石，即单矿岩，如石灰岩就是主要是由方解石矿物组成的单矿岩。由于组成只有一种矿物，单矿岩的性质主要由其矿物成分及结构构造决定。而由两种以上矿物组成的岩石就是多矿岩，如花岗岩是由长石、石英、云母等几种矿物组成的多矿岩。相对只有一种矿物组成的单矿岩，多矿岩的性质则主要由其组成矿物的相对含量及结构构造决定。自然界中大部分岩石是多矿岩，只有少数岩石是单矿岩。

因此，岩石没有固定的化学成分和物理性质，同一种岩石，产地不同，其矿物组成和结构也有差异，因而其颜色、强度等性质也不相同。所以很难确切地指明一种岩石的化学组成成分，一般均以组成元素的氧化物含量的形式来表示，岩石作为构成地壳和地幔上部的物质，其构成的化学元素主要是O、Si、Al、Fe、Mg、Ca、Na、K、Ti、H 等 10 种，称为造岩元素，其氧化物主要就是 SiO_2、Al_2O_3、Fe_2O_3、MgO、CaO、K_2O、Na_2O 等。

岩石的分类依据有多种，依据不同，就会出现不同的岩石称谓，它们之间有交叉，也有包含。常用的分类依据主要包括：

（1）按照岩石的成因，即形成的地质作用分类，这些地质作用包括火山喷发、高温熔融、风化、沉积等；

（2）按照岩石的组成和结构分类，即岩石中的各个成分的相对含量，组成岩石的矿物的结晶程度、晶体大小、晶体形状及矿物之间结合关系等，所反映出来的岩石构成的特征。它主要表示矿物或矿物之间的各种特征；

（3）还有一些按照岩石的产状，即矿床在地下空间的产出形态，或用途等进行分类。

2.2　岩石种类

岩石按照成因可分为火成岩、沉积岩和变质岩三大类。

1. 火成岩（Igneous Rock）

火成岩也称岩浆岩（magmatic rock），岩浆是地壳中深部或上地幔物质部分熔融而产生的炽热熔融体。岩浆的成分以硅酸盐为主，具有一定的黏度，并溶有挥发分。可以是由全部为液相的熔融物质组成，称为熔体，也可以含有挥发分及部分固体物质，如晶体及岩石碎块。当岩浆上升侵入地壳或喷出地表，经冷却固结而成的岩石，就是火成岩。

由于岩浆成分和冷却凝固方式的不同，便形成了不同的火成岩。岩浆上升未达地表而在地壳一定深度凝结而形成的岩石就是侵入岩。由于冷却速度较慢，常为结晶质岩石。侵入岩依其侵入地壳中的部位深浅，分为深成岩（>3 km）、浅成岩（1.5~3 km）和超浅成岩（0.5~1.5 km）。与侵入岩相对，岩浆喷出地表冷却形成的就是喷出岩。在火成岩中，由火山作用所形成的各种岩石，就是火山岩，其中既有喷出地表的，又有侵入地壳的，即包括熔岩和火山碎屑岩，又包括与火山作用有关的潜火山岩。

常见的火成岩有黄长岩、碳酸盐、煌斑岩、金伯利岩、辉绿岩、结晶岩、伟晶岩、紫苏花岗岩、深成岩、火山熔岩、潜火山岩、火山碎屑岩等①。

2. 沉积岩（Sedimentary Rock）

在地表常温、常压条件下，已形成岩石在内外力的作用下，破碎成各种碎屑，这些风化物质连同火山碎屑、有机物及少量宇宙物质，经水流、风吹等搬运作用，堆积在陆地低洼处或水底，经沉积和成岩作用而形成的岩石，就是沉积岩。由于沉积岩形成过程的影响，沉积岩有两个主要特征，一是具有分层次的层理构造，二是岩石中可能会有化石的存在。这两个特征也为判定地质年龄和研究古地理环境提供了珍贵的资料依据。

常见的沉积岩有砂岩、石灰岩、白云岩和砾岩等砂岩。

按照沉积岩的来源不同，沉积岩可分为：陆源沉积岩，它是由母岩经物理风化作用形成的陆源碎屑物质，经机械搬运、沉积、压实和胶结而成的岩石；内源沉积岩，其构成岩石的原始物质主要来源于陆源溶解物和生物源，少部分来自深源气热液和深卤，为沉积盆地中通过生物沉积作用和化学沉积作用形成的岩石②。

按沉积的外力不同，沉积岩又可分为：由自然风化而逐渐破碎松散的岩石及砂等，经风、雨、冰川、沉积等机械作用而重新压实或胶结而成的机械沉积岩，如砂岩；由溶解于水中的矿物质经聚积、反应、重结晶等形成的化学沉积岩，如白云岩；以及由各种有机体的残骸沉积而成的生物沉积岩，如石灰岩。

3. 变质岩（Metamorphic Rock）

地壳中原来已存在的岩石，由于受到构造运动、岩浆活动或地壳内热流演化等内力的影响，以及陨石冲击的瞬时热动力作用等，使岩石在固态（或基本保持固态）情况下发生矿物成分、结构、构造甚至化学成分的变化，这些变化总称为变质作用。根据变质的主要因素和地质条件，可将变质作用分为区域变质作用、动力变质作用、接触变质作用、气液变质作用、混合演化作用等。

在变质作用条件下，地壳中已存在的岩石（可以是火成岩、沉积岩以及早已形成的变质岩），其矿物组合、结构、构造等发生新的变化，演变成为另一种新的岩石，称为变质岩。因变质作用的影响，这类岩石一般具有片状或片理，或有新产生的变质矿物等特征。

常见的变质岩有：板岩、千枚岩、片岩、片麻岩、变粒岩、石英岩、角闪岩、麻粒岩、榴辉岩、铁英岩、磷灰石岩、大理岩、钙硅酸盐岩、碎裂岩板岩、糜棱岩、角岩、矽卡岩、气-液蚀变岩、混合岩等[③]。其中，由岩浆岩变质而成的岩石，称为正变质岩，如片麻岩；由沉积岩变质而成的岩石，称为副变质岩，如大理岩。

这三类岩石无法确切地指出它们在地壳中的具体含量，这是因为在不同的区域或不同的深度，它们的含量都有明显的差异。

而在日常建筑或装饰工程中使用的岩石，则必须对所使用岩石的组成结构和物理化学性质有很清晰的了解，才能使之在最合适的领域发挥最佳的作用，为此一般使用岩石的组成和结构的分类方法。同样道理，一般石质文物的保护，也要对文物岩石的成分、结构等有充分了解，方才能够有针对性地对之施以恰当的保护方式。因此，按照石材的成分和结构对岩石进行分类尤为必要，在建筑和装饰石材应用领域，如作为全美装修装饰材料标准的权威——美国材料试验协会（ASTM）对天然饰面石材作了较全面的定义和分类，其对各类天然石材制定了严格的技术标准及规范，并且也获得了包括中国、欧盟、日本等世界上绝大多数国家和地区的认同与采纳。像我国的石灰岩、砂岩类石材的工程石材材料标准认定就是国家建筑材料工业石材质检中心直接以美国 ASTM 的标准进行检测的。按此方法，常见岩石有：

1. 花岗岩（Granite）

花岗岩是一种深层的酸性火成岩。其矿物主要是由石英和长石组成，还可能含有辉石和角闪石，颗粒纹理均匀，颗粒的结晶较大，并且颗粒大小相似，不同类矿物以规则或不规则方式相互交错排列，呈片麻或板状结构。其颜色通常从粉红到浅灰或深灰，色泽美丽，质地坚硬致密、强度高、抗风化、耐腐蚀、耐磨损、吸水性低，是建筑的好材料。天安门广场的人民英雄纪念碑和埃及的金字塔都属花岗岩文物。

花岗岩的主要化学成分包括：SiO_2、Al_2O_3、K_2O、Na_2O、CaO、FeO、Fe_2O_3、MgO 等。

花岗岩致密坚硬，其主要物理性质，表观密度 2500 ~ 2700 kg/m^3，抗压强度 120 ~ 250 MPa，孔隙率 0.04% ~ 2.8%，吸水率 0.1% ~ 0.7%，莫氏硬度 6 以上。

2. 石灰岩（Limestone）

石灰岩主要由 50% 以上含量的碳酸钙（方解石矿物）或碳酸钙镁（白云矿物），或是两种矿物的混合物组成的一种沉积岩，俗称“青石”。主要有灰屑岩、壳灰岩、白云岩、微晶石灰岩、麵状灰岩、再结晶石灰岩、凝灰石等。

石灰岩中常有其他混入物，如白云石、黏土矿物和石英等，依所含混入物的不同，可以分为白云质石灰岩、黏土质石灰岩和硅质石灰岩，纯石灰岩中混入物一般少于 5%。

依石灰岩密度的不同，可将石灰岩分为：低密度石灰岩，密度在 1760 ~ 2160 kg/m^3范围内；中密度石灰岩，密度在 1760 ~ 2560 kg/m^3范围内；高密度石灰岩，密度在 2560 kg/m^3以上。

石灰岩的颜色常见的有白、灰、褐、浅黄、浅红等。石灰岩的抗压强度为 80 ~ 160 MPa，表观密度为 2000 ~ 2600 kg/m^3。

石灰岩石质细腻，易于雕刻，但由于其组成主要是碳酸钙矿物，所以不耐风化腐蚀，国内著名的洛阳龙门石窟就是石灰岩质文物。

3. 大理岩（Marble）

大理岩因其盛产于云南大理而得名。它是石灰岩或白云岩之类的碳酸盐矿物（方解石、白云石）受变质作用而重结晶的变质岩，故其矿物成分亦主要为方解石和白云石，含量在 50% 以上，常含有钙硅酸盐、钙镁硅酸盐、钙铝硅酸盐类矿物，例如硅灰石、滑石、透闪石、透辉石、镁橄榄石、方柱石、方镁石、云母、斜长石、石英等。其与盐酸反应会产生二氧化碳，具有等粒或不等粒的变晶结构，颗粒粗细不一。一般是白色，白色大理岩一般称为汉白玉，如果含有不同的杂质，就有各种不同的颜色，所以大部分拥有花纹或脉纹，磨光后非常美观。因此有许多著名的大理岩雕塑，如米洛的维纳斯（亦称断臂的维纳斯）、米开朗基罗的大卫雕塑。

大理岩依据方解石和白云石的相对含量高低，依次分为方解石大理岩、白云石方解石大理岩、方解石白云石大理岩和白云石大理岩，见表2.1。

表2.1　常见大理岩的矿物成分

岩石类型	矿物成分	
	方解石	白云石
方解石大理岩	>90	
白云石方解石大理岩	≥50	<50
方解石白云石大理岩	<50	≥50
白云石大理岩		>90

大理岩具有等粒或不等粒的变晶结构，结构致密，抗压强度70～110 MPa，表观密度2600～2700 kg/m^3，莫氏硬度3～5。

4. 砂岩（Quartz-Based）

砂岩属于沉积岩，主要由矿物和岩石颗粒胶结而成，其中含有60%以上砂粒（主要成分为二氧化硅），所以它的颜色和沙子一样，最常见的是棕色、黄色、白色，这也是几种常见砂岩的颜色。砂岩可分为：硅质砂岩、钙质砂岩、铁质砂岩、黏土质砂岩。砂岩具有硅土、氧化铁、碳酸盐或黏土凝结而成的一种多空隙结构，所以其耐酸性较好，吸水性好。我国著名的云冈石窟即属于砂岩类石窟。

砂岩的物理性质因胶结物质和构造的不同差异较大，其主要物理性质为：抗压强度5～200 MPa，表观密度2200～2500 kg/m^3，孔隙率1.6%～28.3%，吸水率0.2%～7.0%，软化系数0.49～0.97。

5. 板石（Slate）

板石属于微晶变质岩，通常大部分源于页岩，主要由云母、亚氧酸盐和石英组成。板石含有云母矿物，有近似平行的走向，可沿层理面劈开形成薄而坚硬的石板。

几种常见岩石的主要物理化学性质如表2.2所示。

表2.2 几种常见岩石的主要物理化学性质

岩石种类	砂岩	凝灰岩	白云岩	花岗岩	大理岩
岩石抗压强度/MPa	20	25	80	100	100
岩石吸水率/%	4.48	6.45	0.20	0.32	0.12
岩石主要化学成分	SiO_2	SiO_2	$CaMg(CO_3)_2$	SiO_2	$CaCO_3$

2.3 岩石的基本性质

岩石具有特定的比重、孔隙度、抗压强度和抗拉强度等物理化学、力学和热学性质，这是由于岩石的组成及结构的不同。岩石物化性质的差异是建筑、钻探、掘进等工程需要考虑的因素，也是文物保护时必须考虑的因素之一。

2.3.1 岩石的组成

谈及岩石的组成，包含了两方面的含义，一是指岩石的化学组成，二是指岩石的矿物组成。这些在之前“2.1 岩和石”中已讨论，不再赘述。

2.3.2 岩石的结构

岩石的性质与岩石的组成和结构有关，岩石的组成有两方面的含义，岩石的结构也同样有不同层次的含义，即微观结构、显微结构和宏观三个层次。

岩石的微观结构是指原子或分子层次的结构，可用电子显微镜或X射线衍射仪来分析研究该层次的结构特征，其尺寸范围在$10^{-10}\sim10^{-6}$m（纳米级）。岩石的许多物理性质如强度、硬度、熔点、导热性等都是由微观结构所决定的。岩石在微观结构层次上可分为晶体和非晶体。

岩石的显微结构是指用光学显微镜所能观察到的岩石的组成及结构，可

分辨的范围在 $10^{-6} \sim 10^{-3}$m（微米级）。如岩石材料的相组织、相界面等。岩石的显微特征、数量、分布和界面性质对岩石的性能有重要影响。

在地质、建筑工程中，与岩石的微观和显微结构相对的，还有岩石在宏观尺度上的结构，人们习惯用岩石的构造替代结构。岩石的构造指的是岩石中用肉眼或放大镜即可分辨的粗大组织，其尺寸在 10^{-3} m（毫米级）以上。如岩石的层理、裂缝、孔（空）隙等。

岩石的构造对岩石的工程性质，亦即在一定环境条件下测试的岩石性能指标影响尤为显著，如构造致密的岩石强度高，疏松多孔的岩石密度低，强度也低。新鲜岩石和风化岩石之间的构造区别尤为明显。

在岩石的构造指标考察中，岩石的孔隙是一项重要的考察参数，它对岩石的密度、强度、耐蚀性等，有着重要的影响。孔隙率增大，岩石的表观密度减小，强度下降，孔隙中易停留腐蚀物质，使岩石更易受风化因素的侵害。岩石中的孔隙，可分为与外界连通的开口孔隙和与外界隔绝的闭口孔隙。孔隙本身按尺寸大小又可分为极细孔隙（$D < 0.01$ mm）、细小孔隙（0.01 mm $< D < 1.0$ mm）和粗大孔隙（$D > 1.0$ mm）。

2.3.3 岩石的物理性质

1. 密度

密度是指岩石单位体积的质量，但由于岩石中孔隙的存在，通常在自然状态下测量岩石的单位体积，实际上是包含了岩石孔隙的非真实体积。因此，在绝对密实状态下，测得的单位体积岩石的质量，就按习惯称之为密度。

与之相对，在自然状态下测得的单位体积的岩石质量，称之为表观密度，亦可称为容重。

岩石的密度可按下式计算：

$$\rho = \frac{m}{v} \tag{2.1}$$

式中，ρ——密度（g/cm^3）；m——岩石干燥状态下的质量（g）；v——岩石在绝对密实状态下的体积（cm^3）。

岩石的密度不包含空隙在内，因此其大小取决于组成岩石的矿物密度及其含量。为了测得多孔材料岩石的密度，应该将岩石磨成细粉，除去孔隙，干燥后，用比重瓶测定其体积。岩石磨得越细，测得的密度值就越准确。因为该密度值是将岩石磨细后测得，故也称之为岩石的颗粒密度。

岩石的表观密度可按下式计算：

$$\gamma = \frac{m}{v_0} \tag{2.2}$$

式中，γ——表观密度（g/cm^3）；m——岩石干燥状态下的质量（g）；v_0——岩石在自然状态下的体积（cm^3）。由于岩石的表观密度可以不粉碎直接测量，故也称之为岩石的块体密度。

如果对测量精度要求不高时，岩石的体积也可以通过排液置换法测得，此时测得的体积排除了开口孔体积，但包含了闭口孔体积，故称该密度值为视密度。

2. 亲水性与憎水性

岩石在水溶液作用下表现出来的性质，称为岩石的水理性质，主要有岩石的亲水与憎水性、吸水性、软化性、抗冻性及透水性等。

岩石在空气中与水接触时，能被水湿润的，称为亲水性，否则为憎水性。为了表征岩石的亲水与憎水性，可以借助岩石对水的接触角直观表示。按照杨氏方程：

$$\cos\theta = \frac{\sigma_{气-固} - \sigma_{液-固}}{\sigma_{气-液}} \tag{2.3}$$

式中，$\sigma_{气-固}$、$\sigma_{液-固}$、$\sigma_{气-液}$分别表示气－固、液－固、气－液界面间的界面张力，θ为接触角。它们之间之所以存在如此关系，是因为当三力达到平衡时具有以下关系：

$$\sigma_{气-固} = \sigma_{液-固} + \sigma_{气-液}\cos\theta \tag{2.4}$$

当$\theta<90°$时，液体能够润湿岩石，我们称岩石具有亲水性。特别$\theta=0°$时，水在岩石上完全铺展。

当$\theta>90°$时，液体不能够润湿岩石，我们称此时岩石具有憎水性。一般情况下，岩石是一种亲水材料，但为了保护，我们会在岩石上面实施憎水处理，使岩石具有憎水性，此时处理后岩石就成为了憎水材料。材料的亲水与憎水，其根本原因在于材料与其他介质接触界面的分子或原子与本体内部的原子或分子受力情况存在差异有关。

3. 吸水性

岩石的吸水性是指岩石在一定条件下，吸收水分的能力，可用吸水率、饱和吸水率、饱水系数等参数表示。

岩石的吸水率是指岩石试件在大气压力下自由吸水的质量（或体积）与岩样干燥时的质量（或自然体积）之比，用百分数表示，前者称为质量吸水率，后者称为体积吸水率。

$$W_m = \frac{m_1 - m_0}{m_0} \times 100\% \tag{2.5}$$

$$W_v = \frac{(m_1 - m_0)/\rho_w}{V_0} \times 100\% \tag{2.6}$$

式中，W_m ——岩石的质量吸水率（%）；W_v ——岩石的体积吸水率（%）；m_1 ——岩石吸水饱和时的质量（g）；m_0 ——岩石干燥时的质量（g）；ρ_w ——水的密度（g/cm^3）。

石材的吸水性主要与其孔隙率及孔隙特征有关。深成岩以及许多变质岩的孔隙率都很小，因而吸水率也很小，如花岗岩的吸水率通常小于0.5%；沉积岩由于形成条件、胶结情况与密实程度有所不同，因而孔隙率与孔隙特征的变化很大，吸水率的波动也很大。吸水率低于1.5%的岩石称为低吸水性岩石，吸水率介于1.5%~3.0%的称为中吸水性岩石，吸水率高于3.0%的称为高吸水性岩石。

岩石吸收性的表征可参见“7.2.9　吸水率”。

4. 耐水性

岩石的耐水性是指岩石长期在水的作用下，其强度没有发生明显改变的属性，可用软化系数 k 表示。

$$k = \frac{f_b}{f_g} \tag{2.7}$$

式中：f_b—— 岩石在饱和吸水状态下的抗压强度；f_g—— 岩石在干燥状态下的极限抗压强度。

根据软化系数的大小，石材可分为3个等级：

（1）高耐水性岩石，软化系数大于0.9；

（2）中耐水性岩石，软化系数在0.7～9.0之间；

（3）低耐水性岩石，软化系数在0.6～0.7之间。

5. 抗冻性

岩石吸水后，当温度降低至0℃以下时，水就在岩石的孔隙内冻结成冰，冰体积膨胀产生冻胀压力，同时冰结晶也会在孔隙内产生结晶应力，使岩石遭到局部破坏。随着冻融循环的反复，岩石的破坏作用逐步加剧，这种破坏称为冻融破坏。

岩石的抗冻性是指岩石在吸水饱和状态下，能经受反复冻融循环作用而不破坏，强度也不显著降低的性能。岩石的抗冻性与其矿物组成、晶粒大小及分布均匀性、胶结物的胶结性质等有关，此外岩石的强度、孔隙率与孔的结构、吸水性和吸水饱和的程度也对岩石的抗冻性有很大的影响。岩石的抗冻性可用冻融循环次数来表示。也就是岩石样品在吸水饱和状态下，能经受规定条件下冻融循环的次数，此处的规定条件一般为岩石的强度降低值不超过25%，重量损失不超过5%，则认为抗冻性合格。

冻融循环试验的具体操作为：将清水清洗干净的石样，置于20±2℃的清水中浸泡48 h，浸泡时石样的顶部距液面距离应在20 mm以上，取出后立即放入20±2 ℃的冷冻箱内冷冻4 h，再将其直接放入清水中融化4 h，重复操作④。

2.3.4 岩石的力学性质

1. 抗压强度

当岩石承受外力的作用时，内部产生应力，应力随着外力作用的增大而增大，直至应力增大到不能承受外力作用，此时岩石被破坏。岩石抵抗外力（荷载）作用引起破坏的能力，即为岩石的强度。

根据作用外力的不同，岩石的强度可分为抗压强度、抗拉强度、抗弯强度（或抗折强度）和抗剪强度等。其测定常用破坏性试验方法来进行，即将待测岩石，置于试验机上，按规定的速度均匀地施加载荷，直到试件破坏，由试件破坏时的荷载值，按相应计算公式，可求得材料强度。

岩石的抗压、抗拉和抗剪强度可根据式（2.8）计算：

$$f = \frac{F_{max}}{A} \tag{2.8}$$

式中，f——岩石的抗压（拉、剪）强度（MPa）；F_{max}——破坏时的最大载荷（N）；A——受力截面的面积（mm^2）。

岩石的抗弯、抗折强度可根据式（2.9）计算：

$$f_m = \frac{3F_{max}L}{2bh^2} \tag{2.9}$$

式中，f_m——岩石的抗弯（折）强度（MPa）；F_{max}——破坏时的最大载荷（N）；L——两支点之间的距离（mm）；b、h——试件断面的宽度、高度（mm）。

岩石的强度主要与岩石的组成、结构和构造有关。如硬度较高的矿物组成的岩石，其强度就高些，岩石内部的孔隙率愈高，其强度愈低。此外，岩石风化程度、含水率都会对岩石的强度产生影响。

2. 硬度

岩石的硬度表示的是岩石表面抵抗其他较硬物体压入或刻化的能力，一般以莫氏或肖氏硬度表示。岩石的硬度取决于其组成矿物的硬度与构造，凡由致密、坚硬矿物组成的岩石，其硬度较高。此外，岩石的硬度与抗压强度具有良好的相关性，一般抗压强度越高，其硬度也越高。

莫氏硬度是由德国矿物学家弗雷德里克·莫斯提出的利用矿物的相对刻化硬度划分矿物硬度的标准。该标准将10种常见矿物的硬度按照递增的顺序分为10级，依次为：滑石1，石膏2，方解石3，萤石4，磷灰石5，正长石6，石英7，黄玉8，刚玉9，金刚石10。测量时，在待测石样上选定一个平滑面，用上述硬度已知的标准矿物的一种加以刻划，如果样品表面出现划痕，则说明样品的硬度小于已知矿物，若已知矿物表面出现划痕，则说明样品的硬度大于已知矿物。如此依次试验，即可得出待测岩石的相对硬度。

肖氏硬度是由美国科学家阿尔伯特肖尔提出的一种表示材料硬度的标准，他将撞销从一定高度落到所试材料的表面上而发生弹性回跳，用测得的撞销回跳的高度来表示硬度。肖氏硬度可以直接应用肖氏硬度计进行测量，测量结果受测试时冲头的垂直性及石样表面状况的影响较大，准确度受到影响，但是作为一种轻便的手提式仪器，肖氏硬度计便于现场测试，操作简单，效率较高。

3. 冲击韧性

材料在外力的作用下，当外力达到一定的极限时，突然破坏而不发生明显的塑性变形的性质称为脆性。材料在冲击、振动载荷下，可以吸收较大的能力，并产生一定的塑性变形而不发生破坏的性质，称为韧性。岩石的抗拉强度比抗压强度小得多，约为抗压强度的1/20～1/10，因此，岩石是典型的脆性材料。

石材的冲击韧性取决于矿物的组成与构造，通常，晶体结构的岩石较非晶体结构的岩石具有较高的韧性。例如石英岩和硅质砂岩脆性很大，含暗色矿物较多的辉长岩、辉绿岩等具有相对较强的韧性。岩石的冲击韧性越好，说明岩石在塑性变形和断裂过程中吸收能量的能力越强，发生脆性断裂的可能性越低。

实际工作中，可以用一次摆锤冲击弯曲试验来测定岩石抵抗冲击载荷的能力，即测定冲击载荷试样被折断而消耗的冲击功，以冲击值表征其冲击韧性，计算公式为：

$$a_k = \frac{A_k}{F} \tag{2.10}$$

式中，a_k——冲击值（kJ/m^2）；A_k——冲击功（kJ）；F——试样缺口处的截面积（m^2）。

4. 耐磨性

耐磨性是指石材在使用条件下抵抗摩擦、边缘剪切以及冲击等复杂作用的性质，以单位面积磨耗量表示。

石材的耐磨性与其矿物的硬度、结构、构造特征以及石材的抗压强度和冲击韧性等有关。矿物愈坚硬、构造愈致密以及石材的抗压强度和冲击韧性愈高，石材的耐磨性愈好。

2.3.5 岩石的化学性质

岩石的化学性质主要是指岩石的化学风化，详细内容参见“3.2.2 化学风化作用”。

此外，岩石的化学性质还包括岩石的耐久性，它是指岩石在所处环境条件下，保持其原有基本属性，抵抗所受破坏作用的能力，这些破坏力主要来自生物腐蚀、化学腐蚀、光与热的腐蚀，以及一些物理作用等。它们在对岩石破坏时，互相促进，加快了岩石腐蚀破坏的程度。

2.3.6　岩石的热学性质

1. 耐热性

岩石的耐热性是指岩石在受热条件下，仍能保持其原有的物理机械性能的性质。岩石的耐热性与其化学成分及矿物组成有关，如含有石膏的石材，在100℃以上时开始破坏；含有碳酸镁的石材，当温度高于725℃时会发生破坏；含有碳酸钙的石材，当温度达到827℃时开始破坏；由石英与其他矿物所组成的结晶石材，如花岗岩等，温度高于700℃以上时，由于石英受热晶型转变发生膨胀，导致强度迅速下降。

2. 导热性

岩石的导热性指的是其传导热量的能力，其大小可用导热系数表示，其计算公式为：

$$\lambda = \frac{Q\delta}{At(T_2 - T_1)} \tag{2.11}$$

式中，λ——导热系数［W/（m·k）］；Q——传导的热量（J）；A——热传导面积（m^2）；δ——待测试样厚度（m）；t——热传导时间（s）；$T_2 - T_1$——待测试样两侧的温度差（K）[⑤]。

岩石的导热系数主要与其表观密度和结构状态有关。岩石的表观密度高，导热系数就高，一般重质石材的导热系数可达2.91～3.49 W/（m·k）；轻质石材的导热系数则在0.23～0.70 W/m·k间。相同成分的岩石，玻璃态比结晶态的导热系数小，封闭孔隙的导热性差，这是由于封闭孔隙内存在的气体导热系数较固体岩石低。

岩石的导热系数对岩石稳定的影响主要因为温度是岩石物理风化的重要影响因素之一，具体可参见“3.2.1　物理风化作用”。

参 考 文 献

① 中华人民共和国国家标准．岩石分类和命名方案：火成岩岩石分类和命名方案．GB/T 17412. 1-1998.

② 中华人民共和国国家标准．岩石的分类和命名方案：沉积岩岩石的分类和命名方案．GB/T 17412. 2-1998.

③ 中华人民共和国国家标准．岩石的分类和命名方案：变质岩岩石的分类和命名方案．GB/T 17412. 3-1998.

④ 中华人民共和国国家标准．天然饰面石材试验方法：第 1 部分，干燥、水饱和、冻融循环后压缩强度试验方法．GB/T 9966. 1-9966. 8-1998.

⑤ 王春阳．建筑材料．北京：高等教育出版社，2002：5-25.

第三章　石质文物的风化

3.1　石质文物的风化

构成石质文物的岩体形成之后，由于地壳上升运动与剥蚀作用而露出地表或近于地表时，它所处的环境同其形成时的环境大不一样。温度和压力相差更大，另外空气、水与生物的活动十分活跃。在这种新条件下，岩石的物质成分、结构构造都将发生一系列的变化，这一过程就是风化作用①。据调查分析和实验评估发现新石器时代遗址的风化速度大约为 0 ~ 5 mm/a，远远超出了材料损失所能承受的最大极限，充分说明了环境对文物风化的严重影响②。

由于石质文物数量多、体积大、大部分分布在各种野外环境中，一般没有采取保护措施，历经岁月沧桑，都受到了不同程度的破坏，尤其是近代工业的发展和随之而来的环境污染更加速了石质文物的破坏速率。如不采取有效措施，许多珍贵的记录将不复存在。因此，研究石质文物的破坏机理及其保护措施是摆在我们面前的一个重要课题。

3.2　石质文物的风化作用类型及影响因素

石质文物的风化作用，从破坏机理看大致可分为两类：即机械破坏与化学破坏，相应地可把风化作用的类型分为物理风化作用与化学风化作用③。

3.2.1　物理风化作用

物理风化作用是指石质文物在温度、水与植物根系的作用下发生的机械破坏过程。其使岩体整体性发生破坏，产生风化裂隙，加大原有构造节理，进而使岩体破坏成碎块。对岩石而言只改变其结构与构造，而不改变其矿物成分，更不涉及化学成分。

（1）温度对岩石的机械破坏机理，表现在由于岩石是热的不良导体，岩石传热过程缓慢，外界温度发生变化时，吸热与散热过程不平衡，导致产生温差应力。一方面，白天阳光照射下，岩石表层因吸热而升温，并处于相对热膨胀状态，而岩体里层仍处于较低的温度之下，相对处于冷缩状态；但在夜间则相反，岩体表层因散热而降温，相对处于冷缩状态，岩体里层却因白天吸收的热量不能及时散发而处于相对热膨胀状态。这样的反复作用，在岩体内产生较大的温差应力，引起各种形态的裂缝，久而久之，这些裂缝日益扩大增多，被这些裂缝割裂开来的岩石表皮层层脱落。原本完整的雕塑，就因温度的变化而表面松散，形态逐渐模糊。

另一方面，岩石是由多种矿物成分组成的，组成岩石的不同的矿物具有不同的热膨胀系数，如石英为 31×10^{-6}，长石为 17×10^{-6}，即使是在同一温度下，由于岩石内部各个部位热胀冷缩的程度不同，也会使矿物颗粒之间产生应力，这样连在一起的岩石矿物颗粒就会彼此脱开，使完整的岩石破裂松散[④]。

（2）水对岩石的机械破坏是通过雨水的冲刷作用、结晶作用、水引起岩石的膨胀收缩作用实现的。岩石中的水分除雨水外还来自两个方面：一是岩体具有原生裂隙与构造节理而含有地下水；二是热空气遇到冷的岩石表面时，就会有相当一部分湿气凝结在岩石表面，气温下降时，水分会游离出来并聚集浓缩甚至向岩石内部活动。

水的结晶作用包括结冰与盐结晶两个方面。当气温下降，岩石内的水分结冰，其体积增大 9%，它将对岩壁产生压力，其值可达 $1000 \sim 6000\ kg/cm^2$，超过一般岩石的抗压强度，足以使岩体发生进一步破坏[⑤]。因此，温度降低，水结冰产生应力，使岩壁破坏成碎石屑。

另外，温度变化会明显影响岩石中水分的冷凝—挥发过程，造成在岩石表面频繁的干湿交替，也就是干湿。岩石有吸湿膨胀的性质，干湿循环引起岩石的频繁胀缩，产生的应力差会使文物表面慢慢遭到破坏[⑥]。虽然该过程比较缓慢，但却十分普遍，这种破坏作用需要经过长期的积累才能察觉到。

同时，地下水一般都是溶液，其中含有各种盐分的溶解物质，这些盐分的浓度过大或地下水所处的环境发生变化而沉淀结晶时产生结晶应力，同样会对岩壁产生压力，具有巨大的破坏能力[⑦]。对岩石产生破坏作用的可溶性盐，主要是氯化物及硫酸盐，硝酸盐及磷酸盐含量较小，其中硫酸盐最突出，这是由于硫酸盐不仅结晶应力较高，而且结晶形状呈树枝状，不像氯化物那样一般呈体积较小的粒状[⑧]。可溶性盐的存在会使岩石表面结壳、脱落，产生裂缝等。

（3）植物根系的机械破坏也是一类风化作用现象，树木深深地扎根于岩体的裂缝中，随着树木的生长，根系将使岩石裂缝增大，直至岩石裂开[⑨]。

3.2.2　化学风化作用

化学风化是指岩体在空气、水与微生物的作用下发生的化学反应过程，其结果不仅使岩石破碎，而且使岩石的成分、结构与构造都发生显著变化，甚至可使岩石变质[⑩]。岩石化学风化的作用方式有酸化、氧化、水化、碳酸盐化、溶解、水解与盐基交换等多种。其中，很多过程与水的活动紧密相关，水在化学风化过程中起主导作用，因此它常被称为“通用的催化剂”。

（1）酸化作用，是指酸雨的破坏作用，其实质是大气污染和水共同作用产生的结果[⑪]。能够对文物构成侵蚀的有害气体，主要是酸性气体和氧化气体，如二氧化碳、二氧化硫、硫化氢、二氧化氮、氮气和臭氧等。大气中除主要含有氮、氧之外，还含有水蒸气、二氧化硫、三氧化硫、二氧化氮、氯气等，它们会溶解在水中附着在岩石表面，与岩石矿物相互作用形成腐蚀盐分。空气中的灰尘粒子也会随之黏附在表面，不仅会使表皮变黑，其中所含酸或碱式盐，还会增加石雕表面侵蚀物[⑫]。煤烟尘落在大理石表面上，会吸附大气中的二氧化硫，煤烟尘中的铁、锰等能充当催化剂，使二氧化硫氧化成三氧化硫，三氧化硫与水结合形成硫酸，腐蚀大理石等碳酸盐石材，其化学反应式为：

$$2SO_2 + O_2 \rightarrow 2SO_3$$

$$SO_3 + H_2O \rightarrow H_2SO_4$$

$$H_2SO_4 + CaCO_3 \rightarrow CaSO_4 + H_2O + CO_2 \uparrow$$

$$CaSO_4 + 2H_2O \rightarrow CaSO_4 \cdot 2H_2O \text{（石膏）}$$

酸性气体导致城市中雨水的 pH 值降到 4，从而造成石质文物的破坏。酸雨中也有二氧化氮，溶于水生成硝酸，对大理石等同样有腐蚀作用。

（2）氧化作用，指矿物同空气或水中的氧气发生的化学反应。在自然界容易氧化的元素多数是金属元素，尤其是铁元素的氧化最为常见，例如，黄铁矿（FeS）在水的参与下氧化成褐铁矿（$Fe_2O_3 \cdot nH_2O$），其化学反应式为：

$$2Fe_2S_2 + 7O_2 + 2H_2O \rightarrow 2FeSO_4 + 2H_2SO_4$$

$$12FeSO_4 + 3O_2 + 6H_2O \rightarrow 4Fe_2(SO_4)_3 + 4Fe(OH)_3$$

$$2Fe_2(SO_4)_3 + 9H_2O \rightarrow 2Fe_2O_3 \cdot 3H_2O + 6H_2SO_4$$

经过这三步化学反应，一方面铜黄色的坚硬而闪亮的黄铁矿变为褐黄色土状的褐铁矿；另一方面产生具有较强腐蚀性的硫酸，又可进一步引起其他矿物的腐蚀。

长期以来，氧化作用被认为是石质文物变色的根本原因，但是，Marinoni研究了Certosa教堂（意大利）建筑用石的颜色变化，发现彩色风化造成岩石颜色变化的原因涉及无机和有机方面的诸多因素。一方面，石材的表层的确因化学反应成分发生了改变，并且，由于热膨胀导致石材的微观结构也发生了改变；另一方面，有机生物体的生命活动也是彩色风化的主要原因[13]。

（3）水合作用，指矿物吸收一定数量的水分子，嵌入矿物晶格内而成为新的含水矿物的过程，岩石中的很多矿物与水接触后都会发生水合作用。

例如，硬石膏（$CaSO_4$）吸水变成石膏（$CaSO_4 \cdot 2H_2O$）的过程，其化学反应式为：

$$CaSO_4 + 2H_2O \rightarrow CaSO_4 \cdot 2H_2O$$

这一反应的结果，一方面水合矿物改变了矿物的原有结构，其硬度一般都低于无水矿物，削弱了岩石抵抗破坏作用的能力；另一方面，因为原子、分子间增加了水分子，导致岩体的体积增大约30%，体积增大过程将对周围的岩石产生巨大的压力，从而促使物理破坏的进行，引起岩体的机械破坏[14]。

（4）水解作用，指矿物同水分解而产生H^+或OH^-的反应，形成带OH^-的新矿物，结构发生相应改变的过程。这种作用对硅酸盐矿物的破坏作用尤为强烈。

例如，在温暖而潮湿的气候条件下，花岗岩中的正长石（$KAlSi_3O_8$）水解成为高岭石［$Al_4(Si_4O_{10})(OH)_8$］，其化学反应式为：

$$4KAlSi_3O_8 + 6H_2O \rightarrow Al_4(Si_4O_{10})(OH)_8 + 8SiO_2 + 4KOH$$

这个反应是不可逆的，经这一反应，生成的氢氧化钾和二氧化硅呈溶液状态随水迁移而流失，只有松散的高岭石作为残积物留在原地，这就是为什么有些岩石会变得非常疏松[15]。

（5）溶蚀作用，是指矿物在水中被分离成离子的过程。在大多数情况下，水的溶蚀破坏作用占主导。水对岩石的溶解是普遍发生的现象，因为任何矿物都可溶解在水中，只是溶解度不同，各种矿物的溶解度相差很大。因此，溶解作用对由方解石、硬石膏、岩盐等易溶性矿物组成的岩石的破坏更为突出[16]。

矿物在水中溶解度的大小主要取决于元素本身及化合物的性质，也取决于外界条件，如二氧化碳的含量等。大理石、石灰石等岩石主要含碳酸钙，纯水对碳酸钙的溶蚀作用很小，但自然界的水常含有二氧化碳等，水中二氧化碳的含量会大大提高水对碳酸盐的溶解能力，含有二氧化碳的雨水可在碳酸盐岩石表面形成风化物结晶，矗立在地面的叫石笋，悬挂的叫钟乳石。溶蚀作用的反应式为：

$$CaCO_3 + CO_2 + H_2O \rightarrow Ca(HCO_3)_2$$

此外，岩石内的湿气在岩石的细小通道内流动，也会溶解岩石的可溶成分。当水为弱酸性时，溶蚀作用会加剧。水的溶蚀可使岩石裂缝窄通道变为较宽通道，最终分裂岩石。

溶蚀作用的结果使岩石易溶解的物质流失，难溶解的物质残留原地，降低了岩石的硬度，也为其他机械破坏作用创造了条件。

（6）碳酸盐化，指硅酸盐矿物内的碱金属同碳酸反应生成碳酸盐的过程[17]。通常空气中的二氧化碳溶解在雨水中形成碳酸，碳酸也是酸雨的主要成分之一。碳酸化作用实质上是水解作用的另一种形式[18]。例如，花岗岩中的正长石由于碳酸盐化转化为易溶的碳酸钾（K_2CO_3）而被破坏，其反应式为：

$$2KAlSi_3O_8 + 2H_2CO_3 + 9H_2O \rightarrow Al_2Si_2O_5(OH)_4 + 4H_4SiO_4 + 2K^+ + 2HCO_3^-$$

经碳酸化作用，其中的碱金属钾转化为碳酸盐随水流失，产生的新矿物高岭土残留原地，这是此种岩石表面疏松的原因之一。斜长石碳酸盐化的速度比正长石还要快。由于水和空气中二氧化碳的存在，正长石的碳酸盐化破坏是极为普遍的风化作用。

（7）盐基交换作用，是指矿物中的某些离子被水中的另外一些离子所置换，因此引起岩石的化学成分与晶格结构发生变化的过程。

例如，在淋溶环境下，云母转变为贝得石的过程，就是云母从解脱结合力最弱的层间钾离子处开始风化，然后沿边缘向纵深发展，单元层本身只进行局部改造，并无大的变化。但亚铁氧化、四面体片内铝的脱离和质子化，都可引起云母的负电荷减少，促使边缘楔状开口处的钾离子通过离子交换而被水化阳离子取代。云母就在降解过程中先变为水云母，再变为蛭石或贝得石。

（8）生物的化学破坏，是指生物在其生命活动过程中，从矿物中吸取某些化学元素，产生二氧化碳、氧气，并分泌排出各种有机酸和无机酸，与矿物中的盐基离子形成螯合物，促使矿物溶解与分解[19]。

例如，硝化细菌产生的硝酸，硫化细菌产生的硫酸，以及硅酸盐细菌对矿质元素的利用，都可以加速分解碳酸盐和硅酸盐类矿物。还有丁酸细菌能够用它分泌的物质使硅酸盐和磷灰石强烈地分解。含钾丰富的黑云母和长石所以受到分解，是与细菌、真菌和藻类从中吸取钾素分不开的。硅藻可以从硅酸盐中摄取硅，以组成本身的有机体，过去曾被认为是比较稳定的高岭石，也可以被硅藻分解。

生活在岩石表面的生物对岩石的风化作用往往是结合了物理作用和化学作用。例如，生长在岩石表面上的地衣，在湿润的情况下，可以吸收超过本身体重三倍的水分而充分膨胀，在干燥的情况下就强烈蜷缩，从岩石上拔起细小的岩屑，甚至连最难风化的石英也会呈鳞片状脱落。地衣的菌丝体可沿云母、角闪石及某些长石的解理裂缝往里深入，以吸取钾、钙、铁等营养，结果造成这些矿物的破碎。在花岗岩及石灰岩上，地衣的菌丝体甚至伸入岩石内数毫米深，并形成极薄的土层。地衣酸是一些多羟基——多羧基酸，地衣分泌的这种酸，可以强烈地与岩石矿物中的盐基离子形成可溶性螯合物，引起矿物的溶蚀[20]。

以上多种风化破坏类型常常是相互关联、相互促进的。大多数实际破坏过程即包含物理风化也包含化学风化。例如：酸性气体遇水变酸，对碳酸盐岩石产生化学腐蚀，大气中的二氧化碳溶于水会溶蚀碳酸盐岩石，这属于化学风化；大气污染生成的盐类会产生结晶和水化压力的破坏，这属于物理风化。这些风化破坏作用类型，随着自然条件、地理位置、气候、地下水、地壳活动等诸多因素的不同而变化，但在一个地区内，它们往往是共同作用、相互关联的。

从某种意义上讲，物理风化是化学风化的前奏，因为物理风化是岩石或矿物变成碎屑，增加了水溶液与岩石及矿物的接触面积，使化学风化得以深入进行。而有些化学风化使岩石变得疏松，又为物理风化提供有利条件，加速了物理风化的进程，所以物理风化和化学风化往往是交替进行的。在诸多风化作用类型中，物理风化作用不仅作用于表面，由于与其他因素共同作用，还会影响石刻的整体坚固性，化学风化则主要作用于岩石石刻表面。化学风化作用对岩石的物理风化起到推波助澜的作用。可以说，实际中大多数破坏蚀变现象都是两种风化破坏作用的综合效果。

综上所述，石质文物的破坏是一个复杂的问题，并非只是各个因素简单的加和作用，它是许多因素互相影响共同作用的结果。除了上面提到的几种主要类型之外，影响石质文物腐蚀破坏的因素还有很多，不同的季节、不同的地区起主导作用的破坏因素也会不同。因此，研究文物保护不能只考虑一个原因，不能只从文物本身想办法，而必须考虑每一种因素，采取综合治理的方法，既要对文物本身采取措施，又要对文物的环境采取措施。只有系统的考虑，才能真正明白破坏的机制；也只有进行了综合治理，对症下药，才能从根本上达到保护的目的。

3.3 石质文物的风化形态

3.3.1 粉状风化形态

许多石质文物表面存在着一层白色粉末状或絮状风化产物，它还存在于洞穴裂隙中，此现象在石窟下部最为明显。粉状物实际上是多种形态的盐类，其形成和分布都与水的活动密切相关。岩石内的渗水、外部的凝结水和底部的毛细水与空气中氧气、二氧化碳、二氧化硫等长期对石质文物表面岩石、胶结物中的钙质、黏土类矿物进行水合作用和溶解作用，同时水将盐类带到岩石表面集聚而形成含水的盐类产物。当这些盐类与风化产物被淋掉后，石质文物表面往往只剩下一些石质颗粒，手触即落，如图 3. 1 所示。

3.3.2 页片状风化形态

有些石质文物表面呈薄片状剥落（图 3.2），薄片厚度随岩石中矿物颗

图 3.1 粉状风化的岩石（洛阳龙门石窟）

粒的粗细而不同。粗砂岩形成的薄片厚度在 3 ~4 mm，细砂岩形成的薄片厚度在 0.5 ~1 mm。页片会翘起卷曲，往往有多层重叠，在片与片间或片与岩体间常有白色粉末状或雪花糊状物。此类风化在日照、通风较好的地段尤为明显，这是由于它与温度变化所引起的水、盐的结晶应力破坏及岩石的膨胀应力破坏有关。

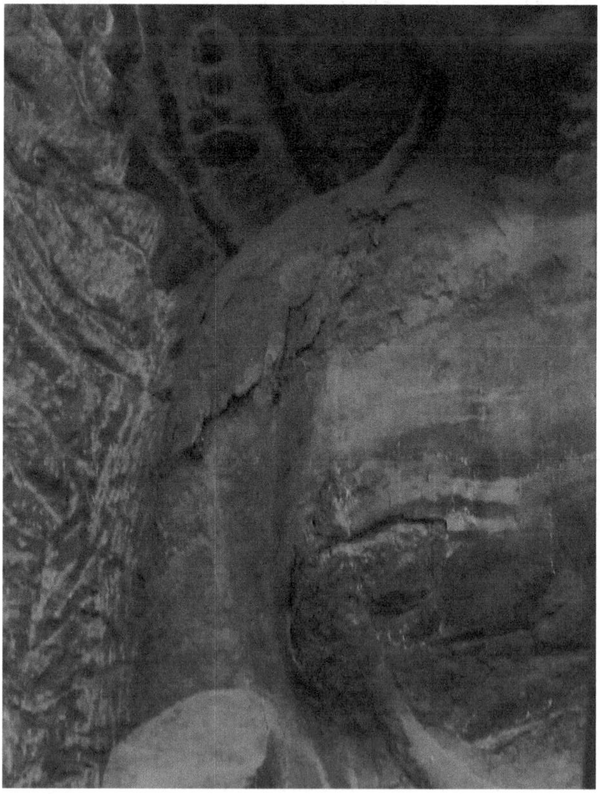

图 3.2 页片状风化的塑像（洛阳龙门石窟）

3.3.3　带状、洞穴状风化形态

带状、洞穴状风化是指与层理大致平行、凹凸相间呈带状或洞穴状的风化形态。它是与岩性有关的差异性风化。此外，微生物的分泌物对石质文物的腐蚀性破坏也会造成蚀坑类洞穴状风化形态。

3.3.4　板状风化形态

开挖洞窟造像后当岩层接近水平时，窟内顶板由于悬空，岩层失去支撑力而导致顶板岩层逐渐呈板状剥落，如图3.3所示。此外在石窟内拐角及高大佛像突出的部位，将会形成大致与壁面平行的卸荷裂隙，致使岩层出现弯曲变形或板状剥落[21]。

图3.3　板状风化的塑像（洛阳龙门石窟）

参考文献

① PidwirnyM. CHAPTER 10, Introduction to the Lithosphere: Weathering. http://www.physicalgeography.net/fundamentals/10r.html, 2004-08-22.

② Davidson D A, Grieve I C, Tyler A N, et al. Archaeological Sites: Assessment of Erosion Risk. Journal Archaeological Science, 1998, 25 (9): 857-860.

③ Fitzner B, Heinrichs K. Damage Diagnosis on Stone Monuments — Weathering Forms, Damage Categories and Damage Indices. In: Prikryl R, Viles HA, Ed. Understanding and Managing Stone Decay. Prague: The Karolinum Press, 2002: 11-56.

④ 奚同庚. 无机材料热物性学. 上海: 上海科学技术出版社, 1987: 213-273.

⑤ Yang G, Zhang Q, Pu Y. A Study on the Damage Propagation Characteristics of Rock under the Frost and Thaw Condition. Chinese Journal of Geotechnical Engineering, 2004, 26 (6): 838-842.

⑥ Weiss T, Siegesmund S, Kirchner D, et al. Insolation Weathering and Hygric Dilatation: Two Competitive Factors in Stone Degradation. Environmental Geology, 2004, 46 (3-4): 402-413.

⑦ Hosono T, Uchida E, Suda C, et al. Salt Weathering of Sandstone at the Angkor Monuments, Cambodia: Identification of the Origins of Salts using Sulfur and Strontium Isotopes. Journal of Archaeological Science, 2006, 33 (11): 1541-1551; Vallet J M, Gosselin C, Bromblet P, et al. Origin of Salts in Stone Monument Degradation using Sulphur and Oxygen Isotopes: First Results of the Bourges Cathedral (France). Journal of Geochemical Exploration, 2006, 88 (1-3): 358-362.

⑧ Rodriguez-Navarro C, Doehne E. Salt Weathering: Influence of Evaporation Rate, Supersaturation and Crystallization Pattern. Earth Surface Processes and Landforms, 1999, 24 (3): 191-209.

⑨ Kelly E F, Chadwick O A, Hilinski T E. The Effect of Plants on Mineral Weathering. Biogeochemistry, 1998, 42 (1-2): 21-53.

⑩ Delalieux F, Cardell C, Todorov V, et al. Environmental Conditions Controlling the Chemical Weathering of the Madara Horseman Monument, NE Bulgaria. Journal of Cultural Heritage, 2003, 2(1): 43-54.

⑪ Philip K, Denis S. Deterioration of Pentelic Marble, Portland Limestone and Baumberger Sandstone in Laboratory Exposures to Gaseous Nitric Acid. Atmospheric Environment, 1995, 29 (1): 77-86.

⑫ Levin Z, Ganor E, Gladstein V. The Effects of Desert Particles Coated with Sulfate on Rain Formation in the Eastern Mediterranean. Journal of Applied Meteorology, 1996, 35 (9): 1511-1523; Mori I, Nishikawa M, Iwasaka Y. Chemical Reaction during the Coagulation of Ammonium Sulphate and Mineral Particles in the Atmosphere. The Science of the Total Environment, 1998, 224 (1-3): 87-91; Kozłowski R, Hejda A, Ceckiewicz S, et al. Influence of Water Contained in Porous Limestone on Corrosion. Atmospheric Environment, 1992, 26 (18): 3241-3248.

⑬ Marinoni N, Pavese A, Riva A, et al. Chromatic Weathering of Black Limestone Quarried in Varenna (Lake Como, Italy) . Building and Environment, 2007, 42 (1): 68-77.

⑭ Alesiani M, Capuani S, Maraviglia B. NMR Study on The Early Stages of Hydration of a Porous Carbonate Stone. Magnetic Resonance Imaging, 2003, 21 (3-4): 333-335.

⑮ Friolo K H, Stuart B, Ray A. Characterisation of Weathering of Sydney Sandstones in Heritage Buildings. Journal of Cultural Heritage, 2003, 4 (3): 211-220.

⑯ Hoke G D, Turcotte D L. The Weathering of Stones Due to Dissolution. Environmental Geology, 2004, 46 (3-4): 305-310.

⑰ Matsuoka N. Rock Weathering Processes and Landform Development in the Sør Rondane Mountains, Antarctica. Geomorphology, 1995, 12 (4): 323-339.

⑱ Pihlajavaara S E, Pihlman E. Effect of Carbonation on Microstructural Properties of Cement Stone. Cement and Concrete Research, 1974, 4 (2): 149-154.

⑲ Garcia-Vallès M, Urzí C, De Leo F, et al. Biological Weathering and Mineral Deposits of the Belevi Marble Quarry (Ephesus, Turkey) . International Biodeterioration & Biodegradation, 2000, 46 (3): 221-227; Warscheid T, Braams J. Biodeterioration of Stone: A Review. International Biodeterioration & Biodegradation, 2000, 46 (4): 343-368; McNamara C J, Mitchell R. Microbial Deterioration of Historic Stone. Frontiers in Ecology and the Environment, 2005, 3 (8): 445-451.

⑳ 张香凝．岩石风化与土壤的形成．http://jwc.bjfu.edu.cn/jpkch/tr/trkj/pages/diyiz7.htm, 2006-10-10.

㉑ Weathering Research Group at QUB. Glossary of Stone Decay Features-Solution. http://www.qub.ac.uk/geog/documents/research/weathering/solution.html, 2005-04-08；牟会宠，杨志法，伍法权．石质文物保护的工程力学研究．北京：地震出版社，2000：28-29.

第四章　石质文物保护

4.1　文物保护科学的概念

文物是历史、科学、艺术的载体。文物保护就是最大限度地、长久地保护文物本身的完整性，保护文物固有价值的完整性和科学性。

文物保护科学就是应用自然科学手段，借助于先进的文物保护技术，对文物进行调查研究及保存修复，使她们的老化变质速度降到最低，从而延长文物使用寿命的一门科学。

文物保护是一门多学科、多领域相互交叉的边缘学科，涉及的范围广泛。它以物理、化学原理和方法为基础，与材料学、地质学、生物学、建筑学、历史学、考古学等领域都有极为密切的联系。作为基础应用学科的化学在其中占有非常重要的地位。化学在文物保护过程中的应用，构成了文物保护科学的主要内容，并为微观考古学（运用现代自然科学的理论、方法、手段对文物进行分子、原子水平研究的一门学科）提供了技术基础。化学，包括无机化学、有机化学、高分子化学、物理化学、环境化学等，都已经以不同方式渗透到了文物保护的各个方面，特别是研究各种材质文物的成分、结构蜕变以及保护新材料的应用等①。

现在，文物保护已经由一门技艺发展成为“文物保护学”，受到许多国家的高度重视。世界上已成立了专门的“国际文物保存学会（The International Institute for Conservation of Historic and Artistic Works，简写为‘IIC’）”，有相应刊物出版，并且，每两年定期召开一次文物保护与修复学术年会。目前，IIC 的出版物包括：*Congress Proceedings*，*Studies in Conservation*，*News in Conservation*，*Reviews in Conservation*（已与 *Studies in Conservation* 合并）。

4.2　石质文物保护的重要意义

石质文物是世界各民族历代先民创造的物质财富的精华，是具有历史、艺术、科学价值的珍贵遗产。保存石质文物具有许多重要的现实意义②：

首先，大量珍贵的石质文物在人为或自然因素的破坏之下，正在遭受着毁灭的危险，如不及时采取有效的措施，石质文物的数量会越来越少。

其次，石质文物都是特定历史条件下的产物，包含着特定历史时期的各种信息，通过研究可以揭示某一历史时期社会政治、经济、科技等各个方面的现象，可以帮助现代人了解科技发展史、人类文明进程及历史演变过程。

再次，由于受到当前技术和认识水平的限制和影响，目前的研究成果尚不能全面地揭示石质文物本身所蕴涵的内在价值。随着时间的推移、科学技术和认识水平的进步，对文物不断进行研究，这一内在价值才能逐渐被揭示出来。这一切需要将文物完整地保存下来并留给后人。

因此，根据文物保护科学技术要求使用新材料，根据特殊要求研制适合于保护的新材料，用现代材料保护古代材料，是文物保护科研的永久性课题。

4.3　石质文物保护的原则

文物是不可再生的文化资源，受到世界各国的普遍重视，且随社会发展和文明程度的提高而备受关注。文物作为特殊的保护对象，它的保护处理并非是一种简单的技术手段，因此一定要遵循一定的原则。

随着国际历史与艺术品保护协会、国际古迹博物馆协会、国际古迹遗址理事会的成立，尤其是联合国教育、科学及文化组织下设的世界文化遗产委员会、国际文物保护与修复研究中心所发挥的巨大作用，文物保护的理论与实践已成为一个国际化问题，各国逐步达成了一些共同遵守的国际性协议。例如，1933 年 8 月，国际现代建筑学会拟定通过的“雅典宪章”（清华大学营建学系于 1951 年翻译，原名为“都市计划大纲”）；1964 年，国际古迹遗址理事会（ICOMOS）于威尼斯通过的“国际古迹保护与修复宪章”（通称“威尼斯宪章”）；1972

年，联合国教育、科学及文化组织大会第17届会议通过的“保护世界文化和自然遗产公约”；1977年12月，一些城市规划设计师聚集于利马（Lima），以“雅典宪章”为出发点讨论，并于12月12日在马丘比丘古文化遗址签署了“马丘比丘宪章”；1981年5月21日，国际古遗址理事会与国际造林师联合会合办的国际历史园林委员会在佛罗伦萨召开会议，决定起草一份以该城市命名的历史园林保护宪章，即“佛罗伦萨宪章”，并由国际古迹遗址理事会于1982年12月15日登记作为涉及有关具体领域的“威尼斯宪章之附件”[③]。

世界各国在文物保护方面，普遍同意文物保护的最基本原则就是“不改变文物原状的原则”，即所有对文物的保护与修复方法都应有足够的研究资料为证，应该避免对文物材料有任何结构上和装饰上的改变。这条原则的本质意义在于文物是历史的产物，文物的价值具体体现在它的结构、形状、色彩上。考古学家受时代特征的局限，不能完全揭示一件文物所包含的各种信息，必须把文物健康的现状保存下去，以待后人去研究揭示；如果改变了现状，则已不是文物而是一个“半现代”的制品。根据实践经验，具体实施时必须坚持保存文物原有的形状、结构、制作材料、制作工艺[④]。这一基本原则反映了人们现在对文物保护的认识和传统的观念已经有所不同，反映了一种“和谐性保护”的概念。

我们国家也制定了适合于本国国情的文物保护条例，与上述国际性协议进行比较，多数原则都是与国际协议（例如威尼斯宪章）统一的。在我国历次颁布的《文物保护法》中，明确规定了“文物保护修复时必须坚持不改变文物原状原则”。例如，1982年11月19日，五届全国人大常委会第二十五次会议通过的《中华人民共和国文物保护法》中，第十四条：核定为文物保护单位的革命遗址、纪念建筑物、古墓葬、古建筑、石窟寺、石刻等（包括建筑物的附属物），在进行修缮、保养、迁移的时候，必须遵守不改变原状原则。2002年10月28日，全国人民代表大会常务委员会第三十次会议通过新《中华人民共和国文物保护法》。其中，第二章第二十一条重申了“对不可移动文物进行修缮、保养、迁移，必须遵守不改变文物原状的原则”；第四章第四十六条：修复馆藏文物，不得改变馆藏文物的原状。

此外，在坚持“不改变文物原状”这一基本原则的前提下，还有以下一般都应遵守的原则[⑤]：

（1）最低人为干预原则：最好对文物所处环境实施控制，使文物材料处于稳定状态，尽可能不要直接在文物上采取保护措施，只有在十分必要的情况下，才能对文物实施保护性处理；

（2）符合所有物品内在要求原则：文物的损坏部分应尽可能得到保护，而使其不再转移，不应出现“保护性”损害，保持文物表面的美观；

（3）过程可逆性原则：修复后的文物一旦需要更换修复材料或不需要原修复材料时，可简单除去，并使文物能够恢复到修复处理前的状态，以便于为将来更先进的保护技术和更好的材料留下足够的空间；

（4）与环境统一原则：在选择保护材料和保护方案时，必须考虑施工条件和对周围环境的影响，符合生态要求；

（5）文物自身材料老化的结果清楚可辨的原则：例如石质文物表面的青苔，如果属无害的，就不能直接除掉；风化裂隙加固黏接处，亦不能伪饰使之看不出。这样才能使文物的历史沧桑感充分体现，并且了解文物演变的过程。这条原则包括一个附加原则：后来增加的东西不应在自然老化生成的物质遮蔽之下保留下来；

（6）预防永远优于弥补的原则。

因此，文物保护的首选就是文物存放环境的改善，但这一点对于大部分的石质文物显然不容易做到，选择合适优良的保护材料成为必然。

参考文献

① IIC. About the IIC. http：//www. iiconservation. org/info/info. php，2006-10-26.

② Avrami E，Mason R，de la Torre M. Values and Heritage Conservation. Los Angeles：The Getty Conservation Institute，2000：3-68；Mason R. A Meeting Organized by the Getty Conservation Institute. Los Angeles：Getty Center，1998：2-23.

③ 郭宏. 论“不改变原状原则”的本质意义——兼论文物保护科学的文理交叉性. 文物保护与考古科学，2004，16（1）：60-64.

④ 郭宏. 论文物保护科学研究的内容与方法. 文物保护与考古科学，2003，15（3）：61-64.

⑤ 国际古迹遗址理事会中国国家委员会. 中国文物古迹保护准则. http：//www. mingcheng. org/chinese/fagui/quanguo/file5. pdf，2006-10-26；China icomos. Barker P，Lai G，Lin P，Lung D，Tighe J，Translate. Principles for the Conservation of Heritage Sites in China. Los Angeles：Getty Conservation Institute，1996：3-32；陆寿麟. 文物的科学研究和文物保护修复的原则//中国文物研究所. 文物科技研究. 第一辑. 北京：科学出版社，2004：11-15；Folarin S. International Standards for Cultural Heritage：An African Perspective. Art Antiquity and Law，2000，5（2）：159-175.

第五章　石质文物保护的基本方法

当人们面对风化日益严重的石质文物时，首先的反应肯定是“要抓紧保护”，可能立刻会使用大量的所谓先进材料对它进行保护处理。但是这种做法今天看来是十分不恰当的，人们越来越认识到：文物的保护处理一定要“不改变文物的原状”，也就是说“和谐的保护”、“最低限度的干预或保护”。当然，在文物本身已发生致命性的危害时，主动性的保护也成为必需。

目前，石质文物的保护包括四个基本的步骤，即①表面清洗；②脱盐；③表面封护；④加固。这些保护措施的目的很明显就是清除已存在的风化腐蚀因素，隔绝后续的风化腐蚀因素，以及对已经受到风化腐蚀影响的部分进行处理，使文物能够尽可能地长时间保存下去。

5.1　表面清洗

当需要对石质文物进行保护时，一般来说，所采取的第一项措施基本都是对文物进行表面清洗，因为只有经过表面清洗才能够使文物呈现出本来的面目，以确定进一步所需采取的措施。当然表面清洗还有另外一个重要目的，那就是清除石质文物表面的一切有害物质，包括灰尘、污垢、烟垢、昆虫等生物的排泄物、地衣或苔藓，及其他一些表面沉积物（如碳酸钙盐的水化产物硬壳或具有鲜明颜色的岩石的氧化物等），以降低文物腐蚀因素的进一步影响。因此，在对石质文物进行清洗时，需要对清洗去除的对象充分了解，认识其主要成分及性质，才能够高效、安全地达到文物表面清洗的目的。

在对石质文物进行表面清洗时，首先可借助毛刷或竹签对文物表面的杂草、微生物或附着的灰尘直接使用机械方法除去，再进行表面清洗。清洗方法按清洗剂和处理技术的特点可分为两类：水、酒精等无机或有机溶剂清洗，化学溶液清洗。

使用水清洗时，对于小型石质文物，可以浸泡，但是如果文物的保存状况已经出现问题，完全浸泡有可能由于水合作用导致石块的强度降低，造成保护性破坏。对于表面已经发生损坏的，也可采用水蒸气喷射清洗，由于水分很快挥发，降低了水清洗时的外力破坏。此外，还可使用雾化水淋洗，这时水通过很窄的喷嘴喷出，形成雾化的水，雾化水慢慢地落在石质文物的表面，因此作用力很轻柔，不会产生破坏性的冲击作用，同时雾化时覆盖面积大，清洗速度也就比较快。

使用乙醇、丙酮等有机溶剂清洗，一方面可以将石质文物表面的有机污物除去；另一方面，有机溶剂在使用过程中改善了石材的表面状况，疏通了石材的微孔，为后续保护材料的涂覆和渗透创造了有利条件①。

化学清洗主要针对较难去除的污物，但是在日常工程中常使用酸性或碱性较强的溶液。但此法在石质文物清洗处理时，一定要绝对避免。

针对石质文物上常见的几类外来污染物，一般采用的清洗去除方法有：

（1）对于岩石表面的尘土、苔藓等较易溶于水的污物，可以用去离子水清刷，考虑到一般水中含有大量水溶性电解质离子，这些离子可以对文物引入新的破坏，所以作为保护性清洗用去离子水最佳；

（2）对于乌黑的油烟污垢，一般可采用低浓度的 $NH_3 \cdot H_2O$ 溶液和丙酮等有机溶剂清洗；

（3）对于由于微生物或其他植物群落造成的绿色污物，可以先机械清除，再用去离子水清洗，这些污物一般易于除去，但是为了防止微生物的再生或霉变的复发，需要再用防霉剂或杀菌剂进行处理；

（4）对于石膏风化物，或是其与微生物生命活动的废物混合形成的污物薄层，可用水、丙酮、氨水及草酸的混合液清洗，先除去薄层的石膏风化污物，再用有机溶剂清洗，效果明显；

（5）对于由于雨水冲刷产生的污浊痕迹，可直接用去离子水清洗，除去易溶于水的污物，较难去除的一般多为空气污染成分与石材反应的产物，可用某些络合剂溶液清洗，如乙二胺四乙酸二钠（EDTA）或六偏磷酸钠等溶液清洗，这些络合物可以与金属离子形成较易溶于水的溶液从而除去；

（6）对于某些氧化形成的红色污迹，可用草酸或草酸盐溶液去除。另外相关的清洗剂还有碳酸氢钠、硼酸、氨水溶液等②。

尽管这些清洗方法都可以将欲去除的污物除去，但是实际操作并不一定如此，如丙酮及氨水溶液的使用，不但增加了费用，也不安全，EDTA 等作为一种高性能络合剂，在溶解金属离子污物的同时也增加了岩石本身的溶解，所以除去离子水和纯溶剂外的化学试剂的使用都应该特别慎重。

为了降低清洗试剂对岩石深层可能造成的破坏，也可以将化学清洗溶液与纤维素等制成胶黏性糊状物，在实际处理过程中，清洗的溶解作用只发生在湿润的糊状物与石材表面接触的部分，作用相当缓慢，只要刮掉糊状物，溶解反应马上停止，没有任何渗透的危险，所以比较好控制。

此外，近年来随着文保技术的提高，也出现了一些令人瞩目的新型石质文物保护技术，如激光清洗[3]和微生物清洗等。激光清洗的原理也十分简单，当激光束照射到石材表面，其能量被污垢吸收，污垢气化或者热膨胀使得其与岩石基底的附着力降低，从而自岩石表面剥落，而当岩石表面清洁时，激光束被干净的岩石表面反射，不会对文物本身造成破坏。由于清洗过程中，激光不与文物发生直接接触，所以对于劣化状况比较严重或者表面结构比较复杂的文物，都能够达到很好的清洗效果[4]。

5.2 脱盐处理

盐结晶破坏是石质文物风化的重要因素之一，因此石质文物中水溶性盐分的去除，即脱盐处理，对石质文物保护而言十分必要。脱盐处理看似容易，但在实际操作中，却有着诸多的不利因素。例如为防止盐结晶的破坏，加水溶解，可是由此会使盐分随水分进一步向石材深层迁移。作为对策，一般采用纸浆贴敷法，即在石刻造像上溶盐较多的部位，用纸浆或直接采用草纸吸水，贴敷在石材表面，并用排笔使纸张与石刻表面紧密贴敷在一起，利用毛细管作用将石材内部的盐溶液吸附至石材表面，并停留在其表面的纸浆内，待其干燥后，揭下已干燥的纸浆或纸张，其中的盐分即被去除。反复操作，由于石材浅层的盐溶液浓度降低，深处的离子会加快向表面迁移的速度，石刻内部可溶性盐大部分即可去除。

为了加快石材内部可溶性盐分的去除，还可用 EDTA 或六偏磷酸钠等络合物溶液代替去离子水进行贴敷，EDTA 等络合剂可以与石刻缝隙中的 Ca^{2+}、Mg^{2+} 等阳离子形成稳定的络合物，在水分完全蒸发后，吸附在纸张纤维中，

而 CO_3^{2-}、SO_4^{2-} 等阴离子则与 EDTA 中的 Na^+ 形成可溶性钠盐析出在岩石表面。使盐分清理更加容易、便利。

但是由于 EDTA 引入新盐（乙二胺四乙酸二钠），所以脱盐处理完后，最好仍用水脱去新盐。此外，EDTA 有较强的与金属阳离子络合的能力，使用其作为脱盐处理的试剂，也正是基于这一原因，但是既然其与可溶性 Ca^{2+}、Mg^{2+} 能够发生反应，从机理上讲与不溶的 Ca^{2+}、Mg^{2+}，即基底岩石也有反应的可能，因此对石刻本身应也有影响，所以使用时一定要谨慎。

脱盐处理需要多次反复操作，为了检验最后是否还有盐分析出，可以测量纸浆等贴敷材料的电导率，当测量的电导率恒定时，就说明清洗基本干净了。

5.3　加　　固

当岩石内部的天然胶结物因为风化而损失时，岩石的强度随之降低，为了提高风化文物的强度，需要通过添加加固剂渗透到文物岩石中，替代由于风化引起损失的天然胶结物，使强度重新恢复，这就是石质文物的加固保护。因此加固保护的目的就是针对已经风化的、有解体危险或已经砂化的石质文物，通过添加加固剂的方法使机械强度尽可能加强。之所以如此说，是因为要达到石材的原始强度，几乎是不可能的，虽然随着技术的进步，加固后石材的强度可能更高，但其中副作用的影响也不可避免。

加固的实际操作也很简单，一般将加固剂制成熔化状态，采用喷涂、涂覆等方法将加固剂添加到粉化、酥碱，甚至是已经开裂的石材表面，加固剂之间以及加固剂与石材之间产生较强的胶结作用，随着溶剂的挥发，加固剂凝固，被加固石材的强度得到加强。虽然石质文物加固保护的原理和操作都十分清晰明了，但由于文物保护要求的标准苛刻，所以实际操作时仍就有许多困难，这些困难集中表现在对加固材料的苛刻要求上，比较优先考虑的加固材料的要求集中在：①加固剂要在石材一定深度范围能形成一种新的、抗风化的矿物质岩石胶结物；②不形成任何破坏岩石的含盐副产物；③对岩石的一些主要特性，如水蒸气透气性等不产生新的不良影响；④在岩石中有良好的渗透力，至少应能渗透到未风化部位，而且加固后，加固层岩石的力学参数应平稳过渡，不至于加固部分和未加固部分产生明显的力学强度分界；⑤不会引起岩石表面颜色的变化。

加固材料通常分为有机材料和无机材料两大类。无机材料的加固是通过加固剂中某些成分与二氧化碳的反应或水合作用形成新物质而实现的，如石灰水加固即是氢氧化钙与二氧化碳形成碳酸钙，碳酸钙与石材中的矿物成分近似，从而实现加固目的。显然，使用无机加固材料所形成的新物质与矿物的连接比较脆弱，故其黏接的裂缝宽度不可能过大，用无机加固剂也不能黏接裂开的岩石。另外无机加固材料需要通过化学反应来实现加固，化学反应一旦开始，反应物会阻塞岩石表面的孔隙，从而抑制加固剂的进一步渗透，所以很难获得良好的渗透效果。

与无机加固剂相比，有机加固剂强度高，可以黏接开裂的岩石，但是像通常的有机材料一样，它们易于受环境因素的影响，如氧、臭氧、水、紫外及红外辐射等，从而发生老化的现象。材料的成分、结构和性能都发生较大的变化，不但丧失加固功能，甚至产生新的破坏。同时，作为有机材料的加固剂和无机岩石基底，物理化学性质差异较大，如热膨胀系数等，所以基于此原因，也要求有机加固材料具有良好的渗透性能，因为如果加固材料渗透到石材的孔隙内部，这些不利因素的影响就会受到限制。可是由于有机加固剂的主要成分是长链分子，且具有极好的黏性，所以这些不利因素的消除依旧十分困难，特别是有机材料老化后颜色的改变，以及有机薄膜形成后产生的眩光现象更是一件令人头疼的事情。

关于这些保护材料的详述请见后面章节的详细讨论。

另外，加固操作时，时间的选择也很关键。因为随着温度的变化，岩石裂缝的尺寸也会发生明显改变，选择适宜的温度下操作，不仅岩石的缝隙大，有利于加固剂的灌注，降低了温度改变时产生的应力破坏，同时也可以将水分、材料试剂的挥发影响降至最低[⑤]。

5.4 表面封护

当发生风化破坏的石质文物加固之后，还需要对其进行表面封护或称表面防护。其实，表面防护和加固所用的材料有很多重合和交集，因为目前最常用的仍是高分子材料，这些高分子材料往往都具有憎水、防腐蚀性能，也同时具有黏接的性能。但是，如果据此认为，表面防护和加固是一回事，那就完全错误了。

加固是为了改善和恢复文物的强度，表面防护是为了隔绝文物的风化腐蚀，使之不再发生新的伤害，以使文物保存的时间更长。例如，常见文物的风化因素包括水、酸碱性腐蚀物、污物等，作为对策，相应的表面防护材料就有憎水剂、防酸剂、防污剂等，当然我们希望一种材料有尽可能多的防护效果。

另外，防护剂施用于文物的表面，所以不能改变文物的外貌，这一点要求尤为重要，甚至可以牺牲一些防护效果，只是作为补充，需定期实施表面防护操作。但是对于加固剂，定期加固处理显然可操作极小，所以对加固剂使用寿命的要求就更高一些。

参考文献

① 张秉坚，铁景沪. 大型石质文物表面清洗技术的现状和发展趋势. 石材，2011，11：19-22.

② 王蕙贞，朱虹，宋迪生. 溶盐、菌类对大足石刻的危害及其保护处理. 第五届全国考古与文物保护化学学术会议，昆明，1998：1-5.

③ Hsu S C，Lin J. Removal Mechanisms of Micro-scale Particles by Surface Wave in Laser Cleaning. Optics & amp；Laser Technology，2006，38（7），544-551.

④ Potgieter-Vermaak S S，Godoi R H M，Grieken R V，et al. Micro-structural Characterization of Black Crust and Laser Cleaning of Building Stones by Micro-Raman and SEM Techniques. Spectrochimica Acta Part A：Molecular and Biomolecular Spectroscopy，2005，61（11-12），2460-2467.

⑤ 刘景龙. 龙门石窟洞窟漏水病害治理. 中国文物报，2004-09-17.

第六章　常用的石质文物保护材料

石质文物保护最常用的方法就是在石质文物表面用各种保护材料进行保护处理以防止风化腐蚀。这些保护材料可以起到以下作用：加固、防水、防酸、防污、防微生物、防风化和防溶蚀等，以降低石质文物的老化进程[①]。

石质文物保护材料的研究一直在不断地更新和发展[②]。按保护材料的主要成分可分为：无机类和有机类[③]。

6.1　石质文物保护材料的基本要求

理想的保护材料，首先应具有“可逆性”，既保护材料应用后，经一段时间能方便处理，为将来更先进的保护技术和更好的材料留下足够的空间。

另外，还需有下列性质[④]：①与被保护的石质文物具有机械、物理、化学的兼容性和相似性；②良好的化学特性，不与文物材质发生任何反应，造成文物材质化学性质的变化，也不应溶解文物材质，造成文物材质的运移；③对文物本身及环境、人身安全无副作用；④必须易渗透进石头的深层，而不是富集在表面形成硬壳；⑤不能改变石头原来的颜色；⑥能阻止外部潮湿气体的渗透，又不会妨碍内部气体的挥发；⑦良好的耐候性；⑧在保护方面，兼具有有效性和持久性；⑨经济。

6.2　无机类石质文物保护材料

无机类石质文物保护材料在 19 世纪曾被广泛运用[⑤]，在今天偶尔也被应用。无机材料的保护是通过材料中的某些成分与二氧化碳反应或水合作用形成新物质而实现的。国际上常用的无机加固材料主要包括以下几种。

6.2.1 石灰水

氢氧化钙水溶液几个世纪以来都被用来保护和加固石灰石。英国曾用石灰水加固 Wells Cathedrals 的雕刻作品[6]。氢氧化钙本身不能防护石灰石，但在溶液中或潮湿环境下，能与空气中的二氧化碳反应生成不溶的碳酸钙，将钙质石头的粒子黏接在一起，其化学反应式为：

$$Ca(OH)_2 + CO_2 \rightarrow CaCO_3 \downarrow + H_2O$$

可是，需多次用石灰水处理才能逐渐防护石灰石，这样，前面使用的石灰水生成的晶体沉淀物就会影响后续保护处理的实施。另外，石灰水防护会在石材表面形成一层硬壳，破坏石材的天然外观。

6.2.2 氢氧化锶、氢氧化钡

与氢氧化钙的保护机理相似，氢氧化锶与氢氧化钡会与二氧化碳反应生成不溶的碳酸盐，碳酸盐晶体便留在岩石的孔隙中，与碳酸钙呈分子联结，在相邻颗粒之间形成矿物桥[7]。在美国，曾用氢氧化钡加固康涅狄格州议会大厦。该法很早就用来加固石质文物，但效果并不理想。因为反应速度快，氢氧化物保护材料在文物表面形成硬壳，并继而碎成小块，丧失保护效果。为了减缓反应，加入尿素，又易使岩石变黑[8]。

6.2.3 碱性硅酸盐

该法曾在欧洲广泛使用过，它是通过可溶性的碱性硅酸盐填补却失的矿物颗粒胶结物，以加固酥脆的石质文物。如商用的钠、钾水玻璃，当溶液接触矿物时，它固化成硅酸钠或硅酸钾，并且在几个小时内将松散的矿物颗粒结合在一起。其中起主要作用的是硅石，非晶的硅石将沙砾、石英、碳酸盐结合在一起，由此达到保护碳酸盐岩石的目的。但由于反应最终同时会产生有害的副产物——主要是一些钠、钾的碳酸盐，给将来的保护处理带来困难，故而现在并不常用[9]。

6.3 有机类石质文物保护材料

有机类石质文物保护材料主要是一些有机聚合物，它们具有耐水、耐腐蚀、耐冲击、加工性能优良、能以各种形态应用的特点[10]。这类保护材料包括天然的（如植物油）到人工合成的聚合体等许多种。主要有以下几种。

6.3.1 石蜡

石蜡用于保护石头有两千年的历史了。首次记录石蜡保护石头是在公元88年。1857～1859年人们用石蜡溶于松节油来保护已风化的Westminster Abbey的石头。石蜡具有增强拉应力的作用，如，石蜡可使石头拉应力增加1.06～4.12 mN/m^2，而四乙氧基甲基硅烷只能使石头提高1.88 mN/m^2。同时，石蜡较耐用，且可固定可溶性盐[11]。

石蜡应用于石质文物的保护，常是将石蜡溶在有机溶剂中，若渗透深度不够则会形成表面壳层，最终表层会剥落。更主要的问题是温度较高时，石蜡会变软，且易吸附灰尘和污秽，并且清洗这些石蜡十分困难。

6.3.2 有机硅类

有机硅类加固剂主要有硅酸乙酯、烷基硅酸盐、硅氧烷等，其分子中含有烷基和硅氧键链，是一种介于有机高分子和无机材料之间的聚合物，因此，也称为硅酸盐的衍生物。许多石质文物保护者认为有机硅类保护材料是防护硅基质砂石最有前途的防护材料之一，这是因为有机硅的渗透能力较强，其聚合速率可被调节使之达到一定的渗透深度，在多孔的石头上的渗透深度可达到20～25 mm[12]，而且其聚合产物结合的化学键与硅基质砂石结合的化学键十分相似。有机硅材料具有一般高聚物的抗水性，又具有透气性和透水性，不仅与文物物理结合，而且有时会形成新的化学键，最终形成稳定的硅化物，可以起到明显的加固作用，其化学反应式为：

$$Si(OR)_4 + 4H_2O \rightarrow SiO_2(\text{Silicagel}) + 4R—OH$$

因此，有机硅类实施加固时，一般需要一定的水分，首先与湿气反应，然后是凝聚反应，这一反应大概需要几周才能进行完全，这也使得该法在相对比较干燥的地区使用时受到限制。而且，该法使用时的保护效果随着岩石成矿组分的不同而不同，硅酸盐岩石的效果较佳，而石灰石岩石则效果一般。而且，有机硅的憎水性与石材的亲水性引起的应力破坏极为明显突出，这种副作用使有机硅有可能不仅起不到保护的作用，甚至会产生破坏[12]。

6.3.3　丙烯酸聚合物

如甲基丙烯酸和丁基丙烯酸等，这些单体随溶剂渗入石头并在石头里面聚合。当渗透率很好、聚合度很高时，甲基丙烯酸酯和其他丙烯酸树脂能有效提高多孔石质文物的强度和耐候性。1968 年，首次在意大利用丙烯酸聚合物加固 Sienacathedral 大门框中的雕刻。

尽管人们关注的不同取代基的丙烯酸酯的聚合体较多，但其脆性大，且玻璃态转化温度高，黏度大，渗透效果差，所以一般认为也不适合作为石材加固剂[13]。

6.3.4　环氧树脂

实际上是一种由环氧树脂与凝固剂组成的聚合试剂。环氧树脂与凝固剂混合就会转变成一种坚硬的、热固性的交联聚合物。最普通的环氧树脂是由双酚 A 二苯酚基丙烷（双酚 A2-2，双对羟苯基丙烷）合成而得。环氧树脂虽然黏度较高，但作为加固材料并不理想，因为它难渗透、易碎、易泛黄[14]，所以没有被广泛使用。

尽管环氧树脂作为石质文物加固材料失败的例子不少，但是就此将其完全放弃也是不理智的。Selwitz 在总结了先前的案例后，指出如果环氧树脂使用时注意溶剂和操作方式的选择，环氧树脂同样可以取得较为满意的效果[15]。如我国南京博物院采用环氧类保护剂 E44 对明祖陵石刻进行了加固保护[16]。

6.3.5　其他人工有机聚合物

其他人工有机聚合物可用于石质文物防护的有含氟聚合物[17]、聚氨酯[18]、尼龙和聚酯[19]等，它们都可在石质文物表面形成一层密封的保护膜，防止水汽、酸和盐的破坏，但同时此种聚合物也同样克服不了有机聚合物的缺陷。

6.4 石质文物保护材料的缺陷

6.4.1 无机保护材料的缺陷

无机材料做石质文物保护材料，优点是耐老化性能优良，寿命长，不存在老化问题，且无机材料与石质文物之间的兼容性好。

但其缺点也是显而易见的。①无机物和岩石反应易生成一层硬壳，破坏石材的天然外观[20]；②有可溶性盐生成，生成的盐在无机物和岩石反应生成的外壳上极易沉积结晶，从而造成石质文物的损害，加速腐蚀；③形成的新物质与矿物的连接比较脆弱，其黏接的裂缝宽度不可能大于 10 ~ 50μm，因此用无机材料不可能实现裂开两部分的黏接[21]；④施工工艺是通过化学反应来实现加固的，一旦反应开始，反应物会阻塞岩石表面的孔隙，从而抑制加固剂的进一步渗透。

6.4.2 有机保护材料的缺陷

而对于用作石质文物保护材料的有机材料，虽然品种不少——包括天然的（如植物油）到人工合成的聚合体等，但是后期效果并不像预期的那样良好。一方面，对有机材料选择的尝试大多属于经验性、试验性的，材料的选择更多地根据操作的可行性，故而只要所选的材料能渗透到石头的深层并能黏附住就值得一试，实施前对实施保护后产生的影响缺乏全面长期的理论预测；另一方面，与无机材料相比，尽管有机材料具有较好的黏接性，但也有着诸多的不利因素，常见的问题主要有以下几点[22]：

（1）有机材料与被保护的石质文物材质机械、物理、化学的相容性不是十分理想，如有机硅，使用时形成硅胶，干燥过程中随着溶剂的挥发，硅胶的网状结构强烈收缩，在石材的微孔中三个维度方向都产生较强的应力破坏，有可能使石头产生裂缝。

（2）使用寿命不够长，如有机硅、丙烯酸聚合物等，它们多数是液体塑性材料，当以薄层的形式施用于文物表面时，能够形成坚固的膜，防止外界因素的侵袭。虽然当时取得了初步的理想效果，但10～15年后，由于有机硅中结构水的流失，有机硅材料会发生收缩现象而失效，而丙烯酸的脆性也使它的有效期缩短。即使被认为使用寿命较长的含氟聚合物也只有几十年的使用寿命。

（3）在使用有机材料保护石质文物时，一般是将有机保护材料溶于有机溶剂中，再进行表面涂覆或渗透，使保护材料能够通过孔隙进入文物深层，起到连接加固的作用。完成后，如果溶剂挥发过快时，导致内部的保护材料也向表层逆向迁移，结果使保护材料大部分在表面积聚，不但影响了加固保护效果，还会出现部分或整个文物表面颜色变暗、有炫光的现象，影响文物的外观。

（4）有机材料加固或修复保护石质文物的成功与否，与所用保护材料的渗透方式有很大关系，可是由于多数有机材料分子量大，渗透性并不好。

（5）石质文物材料本身的亲水性与有机材料防护膜憎水性的矛盾，表层的憎水性使石头的内外层产生显著的温度梯度而容易造成应力破坏。

（6）石质文物的表层有机材料防护膜阻止了可溶性盐在石材内部和表面的迁移，盐的结晶应力可以顶破保护层，甚至胀破石材微孔，使石质文物表层呈粉状剥落。

（7）大部分石质文物直接暴露在室外，而有机材料对紫外线较敏感，易风化，这更加缩短了保护材料的使用寿命。

因此，开发最大程度满足“文物保护材料要求”的新型石质文物保护功能材料就成为一项重要而迫切的任务。

参考文献

① Striegel M F, Guin E B, Hallett K, et al. Air Pollution, Coatings, and Cultural Resources. Progress in Organic Coatings, 2003, 48 (2-4): 281-288; Lister T. Conservation Chemistry. London: Royal Society of Chemistry, 2002: 44-54.

② 王丽琴，党高潮，赵西晨，等. 加固材料在石质文物保护中应用的研究进展. 材料科学与工程学报，2004，22（5）：778-782；韩冬梅，郭广生，石志敏. 化学加固材料在石质文物保护中的应用. 文物保护与考古科学，1999，11（2）：41-43；黄克忠. 石质文物的化学保护法//中国文物研究所. 文物科技研究. 第一辑. 北京：科学出版社，2004，8：16-23；

张秉坚. 古建筑与石质文物的保护处理技术. 石材，2002，8：32-36；张秉坚. 石材表面防护剂的研究. 石材，1999，7：24-26；Lewin S Z. 王金华，译. 用于石刻艺术保护的化学合成物的现状. 文物保护与考古科学，2001，13（2）：58-64.

③ Price C. Stone Conservation：An Overview of Current Research. Los Angeles：Getty Conservation Institute，1996：13-24；Clifton J R. Stone Consolidating Materials：A Status Report. http：//palimpsest. stanford. edu/ byauth/clifton/stone/，2004-08-03.

④ 陆寿麟. 文物的科学研究和文物保护修复的原则//中国文物研究所. 文物科技研究. 第一辑. 北京：科学出版社，2004：11-15；郑军. 文物保护材料的选择//中国文物研究所. 文物科技研究. 第一辑. 北京：科学出版社，2004：112-117.

⑤ Clifton J R. Stone Consolidating Materials：A Status Report. http：//palimpsest. stanford. edu/ byauth/clifton/stone/，2004-08-03.

⑥ Peter M. Breathing New Life into Statues of Wells. New Scientist，1977，76：754-756.

⑦ Lewin S Z，Baer N S. Rationale of the Barium Hydroxide-Urea Treatment of Decayed Stone. Studies in Conservation，1974，19（1）：24-35.

⑧ Schnabel L. Evaluation of the Barium Hydroxide-Urea Consolidation Method. In：7th International Congress on Deterioration and Conservation of Stone. Lisbon：Laboratório Nacional de Engenharia Civil，1974：1063-1072；黄克忠. 石质文物的化学保护法//中国文物研究所. 文物科技研究. 第一辑. 北京：科学出版社，2004：16-23.

⑨ Jiri B，Petr K. Cracking of Organosilicone Stone Consolidants in Gel Form. Studies in Conservation，1996，41（1）：55-59.

⑩ 周宗华. 用于文物保护的高分子材料. 高分子通报，1991，1：41-44.

⑪ Price C A. Stone Decay and Preservation. Chemistry in Britain，1975，11（9）：350-353.

⑫ Tarasov V I. New Colloid Silicate Solutions for Restoration and Conservation of Stone Facades. Russian Journal of Applied Chemistry，2001，74（12）：1985-1989；Cardiano P，Mineo P，Sergi S，et al. Epoxy-Silica Polymers as Restoration Materials. Part II. Polymer，2003，44（16）：4435-4441；Cardiano P，Sergi S，Lazzari M，et al. Epoxy-Silica Polymers as Restoration Materials. Polymer，2002，43（25）：6635-6640.

⑬ Furukawa H. Cure Mechanism and Properties of Acrylosilane Coatings. Progress in Organic Coatings，1994，24（1-4）：81-99；Mazzola M，Frediani P，Bracci S，et al. New Strategies for the Synthesis of Partially Fluorinated Acrylic Polymers as Possible Materials for the Protection of Stone Monuments. European Polymer Journal，2003，39（10）：1995-2003.

⑭ Cardiano P，Ponterio R C，Sergi S，et al. Epoxy-Silica Polymers as Stone Conservation Materials. Polymer，2005，46（6）：1857-1864；Ginell W S，Coffman R. Epoxy Resin-Consolidated Stone：Appearance Change on Aging. Studies in Conservation，1998，43（4）：242-248.

⑮ Selwitz C M. The Use of Epoxy Resins for Stone Conservation. In：Vandiver P B，Druzik J R，

Wheeler G S, ed. Materials Issues in Art and Archaeology 2. Pittsburgh: Materials Research Society, 1991: 181-191; Selwitz C M. The Use of Epoxy Resins in Field Projects for Stone Stabilization. In: Vandiver P B, Druzik J R, Wheeler G S, ed. Materials Issues in Art and Archaeology 2. Pittsburgh: Materials Research Society, 1992: 925-934.

⑯ 陶保成，杨毅，何伟俊．明祖陵石刻加固保护竣工报告．东南文化，2002，11：87-89.

⑰ Frediani P, Manganelli C, Matteoli U, et al. Perfluoroethers as Water Repellents in Stone Conservation. Journal of Fluorine Chemistry, 1980, 16 (16): 607-608; Piacenti F, Camaiti E M. Strepparola E, et al. Recent Developments with Fluoropolymers for Stone Conservation. Journal of Fluorine Chemistry, 1992, 58 (2-3): 220; Rizzarelli P, La Rosa C, Torrisi A. Testing a Fluorinated Compound as a Protective Material for Calcarenite. Journal of Cultural Heritage, 2001, 2 (1): 55-62; 和玲．含氟聚合物及其对文物的保护研究．西安：西北工业大学博士学位论文，2002.

⑱ Coffman R L, Agnew N, Selwitz C. Modification of the Physical Properties of Natural and Artifical Adobe by Chemical. In: Vandiver P B, Druzik J R, Wheeler G S, ed. Materials Issues in Art and Archaeology 2. Pittsburgh: Materials Research Society, 1991: 201-207; Adler H J, Jahny K, Vogt-Birnbrich B. Polyurethane Macromers—New Building Blocks for Acrylic Hybrid Emulsions with Outstanding Performance. Progress in Organic Coatings, 2001, 43 (4): 251-257.

⑲Hansen E F, Agnew N. Consolidation with Moisture Curable Isocyanates: Polyureas and Polyurethanes. ICOM Committee for Conservation: 9th Triennial Meeting, Dresden. Los Angeles: ICOM Committee for Conservation, 1990: 557-562.

⑳Price C A, Ross K D, White G. A Further Appraisal of the Lime Technique for Limestone Consolidation, Using a Radioactive Tracer. Studies in Conservation, 1988, 33 (3): 178-186.

㉑韩冬梅，郭广生，石志敏，等．化学加固材料在石质文物保护中的应用．文物保护与考古科学，1999，11 (2)：41-44.

㉒Tabasso M L. 杨军昌，黄继忠，译．石质品的保护处理，文物保护与考古科学，1996，8 (1): 54-63；张秉坚，尹海燕，铁景沪．石质文物表面防护中的问题和新材料．文物保护与考古科学，2000，12 (2)：1-4；Melo M J, Bracci S, Camaiti M, et al. Photodegradation of Acrylic Resins Used in the Conservation of Stone. Polymer Degradation and Stability, 1999, 66 (1): 23-30; Borgia G C, Bortolotti V, Camaiti M, et al. Performance Evolution of Hydrophobic Treatments for Stone Conservation Investigated by MRI. Magnetic Resonance Imaging, 2001, 19 (3-4): 513-516；周双林．文物保护有机树脂溶液型加固剂应用过程中反迁原因的探讨．文物保护与考古科学，2003，15 (1)：27-30.

第七章　石质文物保护材料的评价

石质文物保护材料的评价包含两层的含义：一是需要对材料本身的成分、结构及形态等进行分析表征，所采用的方法与一般材料的分析表征相同；二是需要对材料的保护性能进行表征，目前这方面的检测尚未有一个统一的标准。

7.1　常用材料组成与结构的表征

7.1.1　X 射线衍射结构分析（XRD）

德国物理学家伦琴在 1895 年研究阴极射线时发现了一种奇异的射线，它不但能量高，直线传播、穿透力强，而且能杀死生物组织细胞，并且具有照相效应、荧光效应和电离效应。因为当时对其知之甚少，故称为 X 射线，伦琴也因此发现，获得 1901 年的首次诺贝尔物理学奖。X 射线自发现之日起，就引起了人们的极大关注，随后在医学和工程上获得了广泛应用。而另一位物理学家劳厄则在 1912 年证实 X 射线是一种能够产生衍射现象、波长约为 10^{-10} m 的电磁波，从此开创了 X 射线衍射学发展的新纪元。

实验表明，真空中高速运动的带电粒子撞击到任何物质时，均可产生 X 射线，X 射线的发生装置称为 X 射线管。当 X 射线通过晶体物质时，由于这些物质内部质点排列规则，周期重复，即构成所谓的格子构造，因此会发生 X 射线的散射现象。只有当满足布拉格定律时才能产生衍射效应，即散射的 X 射线在某些方向上相位得到加强，该定律可表示为：

$$n\lambda = 2d\sin\theta \tag{7.1}$$

式中：n——衍射级次；λ——X 射线波长；d——衍射面网面间距；θ——布拉格角。

与人的指纹相似，每种晶体物质都具有特定的 X 射线衍射图谱，而且混合晶体的衍射图谱为其各自衍射峰的叠加、互不影响。据此，便可以对任意组合的晶体样品进行定性分析，因为波长 λ 可用已知的 X 射线衍射角测定，进而求得面间距，即晶体内原子或离子的规则排列状态，将求出的 X 射线衍射强度和面间隔与已知的表对照，即可确定试样结晶的物质结构，这就是 X 射线衍射定性分析的基本原理。

同时，某一物相的 X 射线衍射强度，与其在样品中的含量成比例，但并不成正比，对其进行吸收校正后，就可由实测图谱算出待测物相的具体含量[①]。X 射线衍射仪主要由 X 射线管、样品台、测角仪及检测器等部件组成。

X 射线衍射分析（X-ray diffractometric analysis），简称 XRD 分析，其要求被测样品必须是内部结构规则的晶体物质，一般石质文物的无机保护材料就属于此类物质，岩石本身也是由矿物晶体组成，所以在石质文物保护时，X 射线衍射分析的作用可以得到充分发挥。另外，在金属、矿石、矿物颜料、陶瓷（胎土、釉层）、壁画地仗层、腐蚀产物、风化产物等许多无机质的文物基体材料及蜕变产物的分析中，X 射线衍射分析都可以发挥良好的作用。

7.1.2 X 射线荧光光谱分析（XRF）

X 射线照射物质，将发生散射和吸收现象。X 射线被原子吸收后，该原子将再次发射 X 射线。通常照射物质的 X 射线称为初级 X 射线，吸收 X 射线后再次发射的 X 射线称为次级 X 射线，即荧光 X 射线。1923 年，G Von Hevesy 曾想把 X 射线荧光光谱用于定量分析，但由于当时探测技术水平达不到要求，未能实现。20 世纪 40 年代后，由于 X 射线管、分光技术、半导体探测器及电子技术的进步，X 射线荧光光谱分析逐渐成熟，并快速发展，成为一种重要的分析手段。

荧光 X 射线的波长取决于吸收初级 X 射线元素的原子内层结构，也就是说，元素的荧光 X 射线是特有的，与元素有一一对应的关系，因此根据荧光 X 射线的波长就可以进行元素的定性分析。另外，荧光 X 射线的强度与元素的含量有关，确定荧光 X 射线的强度与浓度的关系，就可以进行定量分析，这就是 X 射线荧光光谱分析的理论依据。

因此，应用 X 射线荧光光谱法分析时，X 射线从 X 射线管出发，经过光学滤光系统处理后到达样品（样品一般是在氮气保护、真空或直接在空气中），然后到达检测器，转化成电信号，由计算机系统收集，进行定性或定量分析[②]。

X射线荧光光谱分析（X-ray fluorescence spectrometric analysis），简称XRF分析。XRF在材料科学领域应用广泛，而且还是一种无损分析法，对分析的样品没有处理要求，不取样，不受状态、大小、形状的限制。同时，分析速度快，自动化程度高。但其最突出的优点还是分析范围广，一次可将样品中所有的元素鉴别出来。

7.1.3 红外吸收光谱分析（FTIR）

任何物质都是由分子和原子组成，原子和原子之间通过化学键连接构成分子，分子中的原子和化学键都在不停地做各种运动，如平动、振动、转动等。这些运动都可能吸收外界的辐射能量而发生跃迁。分子中原子外层价电子能级的跃迁可以产生紫外—可见吸收光谱。分子中还包括原子的振动和分子本身的转动，这些运动吸收辐射能量引起能级跃迁，就产生红外吸收光谱。红外吸收光谱主要是由原子之间的振动产生的，有人也称之为振动光谱。因此，红外吸收光谱是由于分子中的振动能级跃迁产生的一种分子吸收光谱。

当一束红外光照射物质时，该物质分子将吸收的一部分光能转变为分子的振动能和转动能，使能级发生跃迁，光谱上即出现吸收谱带，将之以吸收曲线的形式记录下来，即得该物质的红外吸收光谱。不同结构的物质对红外线的吸收频率也不相同，所以在有机化学理论研究上，红外光谱可用于推断分子中化学键的强度，测定键长和键角，还可定性地推断分子结构，鉴别分子中所含有的基团，也可用于推测反应机理。它具有迅速准确、样品用量少等优点，且气态、固态和液态样品均可进行测定。红外吸收光谱多用于定性分析，这是因为虽然也可用红外光谱定量地鉴别组分的纯度和进行剖析工作，但用于定量分析时，其灵敏度较差，准确度也不高[③]。

由于目前石质文物的保护材料仍以有机高分子材料最为常见，所以，该法在石质文物保护材料的分析表征时，应用相当普遍。

红外吸收光谱分析（infrared spectroscopy），简称IR。还有简称为FTIR，这源自其英文名称fourier transform infrared spectroscopy，即傅里叶变换红外光

谱分析。傅里叶变换红外光谱仪自 20 世纪 50 年代问世并得到应用，它改变了红外光谱仪最初以棱镜和光栅为色散元件的历史，引入迈克尔孙干涉仪，将记录的时间域信号转换成常见的频率域信号，有效克服了过去测量时的时间浪费，因此，现在的红外光谱分析几乎全部都是傅里叶变换型的了[④]。

此外，材料元素成分分析常用的方法还包括原子吸收光谱法、原子发射光谱法等，但此类分析方法由于具体操作时，需要对待测样品根据进样的不同方式进行预处理，例如做成粉末或溶液等，因此属于有损检测。这样，在石质文物保护过程中，其应用会受到限制。

7.1.4　扫描电子显微镜分析（SEM）

扫描电子显微镜（scanning electron microscope，SEM），顾名思义，是一种能够观察材料显微结构的装置，但是扫描电子显微镜获得试样放大成像的过程与光学显微镜不同。普通的光学显微镜是利用凸透镜的放大成像原理，其放大倍数一般是几十倍至一千倍左右。而 SEM 是电子束在样品上进行动态扫描时，将样品上带有形态和结构信息的二次电子逐行轰出表面，经检测器处理后在荧光屏上显示出扫描范围内试样表面形貌、组成及其他物化性能的动态扫描画面，这种画面实际上和电子束同步，以至样品表面上的凹凸信息就可以三维立体形象如实地反映出来。

SEM 的分辨率高达 10Å，放大倍数通常可达几十万倍，它的图像真实感、立体感极强，对样品的适应性也广，主要应用于观察物质表面的超微结构，所以它在考察石质文物表面或保护材料的显微结构时，可以发挥巨大的作用[⑤]。

7.1.5　色差分析

石质文物保护的一项重要要求就是处理后文物的外观不能发生改变，其中颜色是外观是否改变的一项主要考察指标。

1931 年，CIE（国际标准照明委员会）建立了一系列表示可见光谱的颜色空间标准。基本的 CIE 色空间标准是 CIE-XYZ，它建立在标准观察者视觉能力的基础上，就是说它反映了标准的人眼可见颜色的范围。

基于 CIE-XYZ 又有几类不同的标准颜色空间，如 CIE-xyY、CIE-Lab、CIE-Lch 等，目前最常用的是 CIE-Lab 色空间。CIE-Lab 色空间以 L 值表示颜色的明度、a 值表示颜色的绿红值、b 值表示颜色的蓝黄值。如果单纯以一组 Lab 值来判断某个颜色并没有太大的实际意义，但是当我们对两个颜色进行比较时，我们可以通过这两个颜色的 Lab 差值判断出它们之间的差别。

例如，某样品的要求标准色样（如未处理文物）测量 Lab 值为 60、30、20，而某待测样品（如处理后文物）的 Lab 值为 62、31、18，经计算其 Lab 差值分别为 +2、+1、-2，由此可知产品 L 值高于标准（即偏亮）、a 值高于标准（即偏红）、b 值低于标准（即偏蓝），通过样品和标准色样 Lab 值的对比我们可以很方便地得到待测样品的颜色状况。

另外，通过两组 Lab 值还可以计算出两颜色间的色差，其计算公式为：

$$\Delta E = (\Delta L^{*2} + \Delta a^{*2} + \Delta b^{*2})^{1/2} \tag{7.2}$$

式中：$\Delta E = L_{样品} - L_{标准}$，明度差异；$\Delta a = a_{样品} - a_{标准}$，红／绿差异；$\Delta b = b_{样品} - b_{标准}$，黄／蓝差异。

如果色差大于 1，人们的眼睛就可以分辨出来。由此可以事先设定一定的容差范围，在进行品质控制时，测量的样品与标准颜色之间色差值在容差范围内即满足要求，超出范围即不满足要求。通过使用 CIE-Lab 色空间，石质文物保护材料的使用是否改变被保护文物的颜色外观就可以实现定量的表征⑥。

色差分析所使用的仪器，称为色差仪。

7.1.6 热分析技术

材料在温度变化过程中，往往伴随着微观结构和宏观物理、化学等性质的改变，宏观上的物理、化学性质的变化过程通常与材料的组成和微观结构相联系。通过测量和分析材料在温度变化过程中的物理、化学性质的变化，可以对物质进行定性、定量分析，从而获得材料鉴定的有关信息，为材料的研究提供热性能和结构信息。

热分析方法是利用热学原理对材料性能或成分进行分析的方法的总称，最常用的热分析方法包括：差热分析、差示扫描量热法、热重分析和热机械分析等，用于研究物质的晶型转变、熔化、升华、吸附等物理现象，以及脱水、分解、氧化、还原等化学现象，并能快速提供被测样品的热稳定性、热分解产物、热变化过程的焓变，以及高聚物的表征及结构性能研究，也是进行相平衡研究和化学动力学过程研究的常用手段⑦。

因此，热分析技术不仅可以应用于石质文物有机高分子保护材料的研究工作，甚至可在石质文物保护的一些意想不到的领域发挥作用。例如，石质文物保护材料的透气性研究（透气性的测量请参见“7.2.8　透气性”），常规的保护材料透气性测量时间长，测量过程中温度变化波动大，但是使用热重分析法（TGA）则能够克服这一缺点。

热重分析测量是对样品的质量随温度变化而发生的改变量，或在等温条件下随时间变化而发生的改变量，进行测量。利用热重法测量防护材料的透气性时，将预先饱和水的石材经防护材料进行处理，然后放置于仪器中测量。随测量进程由于水分挥发样品质量的减少，即可得到处理后的样品与空白样品的TGA曲线。根据两条TGA曲线变化趋势的差异，就可以很方便地表征出材料的透气性好坏⑧。

7.2　材料性能的表征

目前，石质文物保护材料的性能表征方法基本都是为了检验材料是否能满足保护者某方面的要求。例如，文物保护后，如果是为了使文物憎水，则检验接触角、吸水率；如果为了防酸雨，则检验质量损失率。但是，即使是同一检测指标也是方法众多，各不相同，这样，就造成不同保护材料比较的困难。至今，国内外都还没有一个统一的石质文物保护材料性能表征的标准，尽快制定统一的标准，已成为国内外文物保护工作者热切关注的问题。

本书中，根据前人经验和本实验室过去的工作，总结了石质文物保护材料的常用检验方法⑨。

7.2.1　耐酸蚀性

试样每组4块，其中2块为平行试验样品，另2块为参比样品。做好试验样品的起始质量记录 m_0(g)，然后，把它们直立浸泡在盛有1%（V/V）的硫酸溶液的容器中 24 h，再将样品放在 60 ℃的烘箱恒温 6 h，然后取出冷却至室温，最后称重并记录 m_1(g)，计算质量损失率。

质量损失率 Δm 按式（7.3）计算：

$$\Delta m = \frac{m_1 - m_0}{m_0} \times 100\% \tag{7.3}$$

以上记为一个循环。

7.2.2 耐碱蚀性

试样每组 4 块，其中 2 块为平行试验样品，另 2 块为参比样品。做好试验样品的起始质量记录 m_0(g)，然后，把它们直立浸泡在盛有饱和 $Ca(OH)_2$ 溶液的容器中 24 h，再将样品放在 60 ℃的烘箱恒温 6 h，然后取出冷却至室温，最后称重并记录 m_1(g)，计算质量损失率。

质量损失率 Δm 按式（7.4）计算：

$$\Delta m = \frac{m_1 - m_0}{m_0} \times 100\% \tag{7.4}$$

以上记为一个循环。

7.2.3 耐盐蚀性

试样每组 4 块，其中 2 块为平行试验样品，另 2 块为参比样品。做好试验样品的起始质量记录 m_0(g)，然后，把它们直立浸泡在盛有 pH 值 = 1 的 $NaHSO_4$ 溶液的容器中 24 h，再将样品放在 60 ℃的烘箱恒温 6 h，然后取出冷却至室温，最后称重并记录 m_1(g)，计算质量损失率。

质量损失率 Δm 按式（7.5）计算：

$$\Delta m = \frac{m_1 - m_0}{m_0} \times 100\% \tag{7.5}$$

以上记为一个循环。

7.2.4 憎水性

用接触角测量仪测量水对成膜后石材表面的浸润性，即接触角，以接触角的大小定量地表征材料的憎水性。

7.2.5　耐污性

污染试剂为纯的高级蓝黑墨水，上海海文（集团）有限公司生产。

标样的制备：在5块干净的汉白玉石块表面分别滴加1滴不同浓度的蓝黑墨水，静置1 min后，用去离子水冲去。该5块样品即作为参比的标准样品，相应的污染级别及对应墨水浓度如表7.1所示，制得的标准样板如图7.1所示。

表7.1　标样蓝黑墨水的浓度（墨水与水的体积比）

Grade Ⅰ	Grade Ⅱ	Grade Ⅲ	Grade Ⅳ	Grade Ⅴ
1/4	2/3	3/2	4/1	5/0

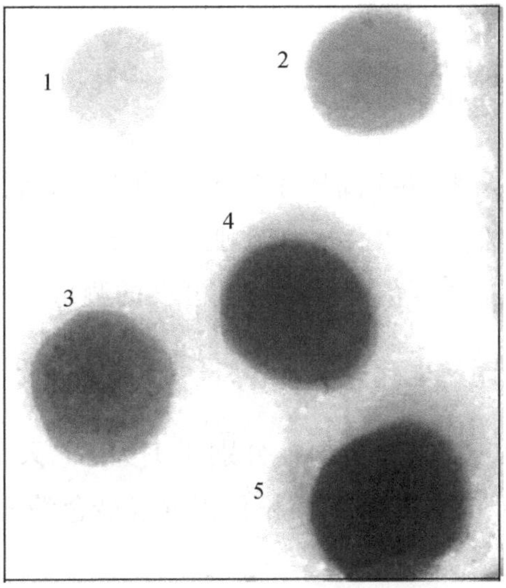

图7.1　耐污性测试标准样板

保护处理后耐污等级的确定：操作与标样的制备相同，只是在被测石材表面滴加纯的蓝黑墨水，与标样进行比对，以颜色深浅的程度来确定耐污等级。

7.2.6 耐酸度

耐酸度测试与“7.2.1 耐酸蚀性”测试的目的不同，耐酸性测试是为了表征材料抵抗长期酸腐蚀的能力，而耐酸度测试是为了检验材料所能抵抗腐蚀酸的酸度值，可用腐蚀酸 pH 值的大小表示。

配制一系列不同浓度的 H_2SO_4溶液，pH 值分别为：3.0、2.5、2.0、1.5、1.0、0.8、0.6、0.4、0.2、0.0、-0.3 和 -0.6。

在石材表面，用滴定管分别滴加不同 pH 值的 H_2SO_4溶液，持放大镜仔细观察 2 min，期间若气泡产生则说明其已不能够抵抗此酸度的 H_2SO_4溶液腐蚀，耐酸值就为该 H_2SO_4溶液 pH 值。若无气泡则继续检，直到测到 pH 值等于 -0.6 为止。耐酸度值 = pH 值。

7.2.7 耐候性

1. 耐候性之一：耐光老化性

将样品置于 500 W 紫外线高压汞灯老化箱内，距紫外线灯管 20 cm，温度 50 ℃，每隔 2h 喷去离子水一次。分别于 1 天、3 天、7 天、10 天、15 天后，根据表面粉化程度（变色情况）及光泽度的测量，评定级别。

2. 耐候性之二：耐热老化性

把样品放置于 140 ℃的烘箱内，分别于 1 天、3 天、7 天、10 天、15 天后取出，放置 6 h 后观察，根据表面粉化程度（变色情况）及光泽度的测量，评定级别。

3. 耐候性之三：抗冻融性

试样每组 4 块，其中 2 块为平行试验样品，另 2 块为参比样品。做好试验样品的起始质量记录。将样品浸在水中 24 h，使其孔隙中完全充满水分。24 h 后，擦干样品表面后称重，记录此时样品重量，用于求样品的吸水率。然后将样品放在冻柜中冷冻 2 ~ 3 h，冰柜温度保持在 -40 ℃左右。取出后在

60 ℃左右烘干，再冷却称重纪录。以此为一个循环，连续做几十个循环。记录每次循环各个样品的外观及质量变化。

7.2.8　透气性

将石材放置在塑料杯口沿上，杯内盛有一定量的水，用玻璃胶密封。等玻璃胶彻底固化后，定时称量水分的减少量，或用透气性参数 μ（每平方米样块/或每立方米每天透过的水蒸气量）来表示。

7.2.9　吸水率

暂参照国家石材标准（GB/T9966.3-2001）将试样用刷子清扫干净放入 105±2 ℃烘箱中干燥 24h，取出冷却到室温，称其质量 m_0(g)，精确到 0.02 g。再将试样放入室温的蒸馏水中，浸泡 48 h，取出，用拧干的湿毛巾擦去表面水分，并立即称量质量 m_1(g)，精确到 0.02 g。吸水率 Δm 按式（7.6）计算：

$$\Delta m = \frac{m_1 - m_0}{m_0} \times 100\% \qquad (7.6)$$

7.2.10　抗压强度

样品的抗压强度可直接由拉力试验仪测得。

7.2.11　表面硬度

表面硬度可直接由硬度计测得。

测量时，压针距离试样边缘至少 12 mm，压针压足，且和试样完全接触 1 s内读数，测点间距不小于 6 mm，至少测量 5 次取平均值。

参 考 文 献

① 祁景玉．X 射线结构分析．上海：同济大学出版社，2003：1-75.

② 汪信．软化学方法导论．北京：科学出版社，2007：97-100.

③ 陈亚．有机化学实验．昆明：云南科技出版社，2004：51.

④ 宦双燕．波谱分析．北京：中国纺织出版社，2008：40-68.

⑤ 徐柏森．实用电镜技术．南京：东南大学出版社，2008：36-43.

⑥ 杨晓红．测色配色应用技术．北京：中国纺织出版社，2010：82-88.

⑦ 王斌．现代分析测试方法．北京：石油出版社，2008：108-119.

⑧ Rizzarelli P, La Rosa C, Torrisi A. Testing a Fluorinated Compound as a Protective Material for Calcarenite. Journal of Cultural Heritage, 2001, 2 (1): 55-62.

⑨ Price C. Stone Conservation: An Overview of Current Research. Los Angeles: Getty Conservation Institute, 1996: 25-28; Peruzzi P, Poli T, Toniolo L. The Experimental Test for the Evaluation of Protective Treatments: A Critical Survey of the Capillary Absorption Index. Journal of Cultural Heritage, 2003, 4 (3): 251-254; Melo M J, Bracci S, Camaiti M, et al. Photodegradation of Acrylic Resins Used in the Conservation of Stone. Polymer Degradation and Stability, 1999, 66 (1): 23-30; Rizzarelli P, La Rosa C, Torrisi A. Testing a Fluorinated Compound as a Protective Material for Calcarenite. Journal of Cultural Heritage, 2001, 2 (1): 55-62; 和玲，梁国正．含氟成膜聚合物应用于文物的表面保护．膜科学与技术，2003，23 (3)：40-45；中华人民共和国建材行业标准．建筑装饰用天然石材防护剂．JC/T973-2005；中华人民共和国国家标准．天然饰面石材试验方法，第 1 部分：干燥、水饱和、冻融循环后压缩强度试验方法．GB/T 9966.1-2001；中华人民共和国国家标准．天然饰面石材试验方法，第 2 部分：干燥、水饱和弯曲强度试验方法．GB/T 9966.2-2001；中华人民共和国国家标准．天然饰面石材试验方法，第 3 部分：体积密度、真密度、真气孔率、吸水率试验方法．GB/T 9966.3-2001；中华人民共和国国家标准．天然饰面石材试验方法，第 6 部分：耐酸性试验方法．GB/T 9966.6-2001.

第八章　表面能分析在石质文物保护研究中的应用

8.1　表面能的定义

对于较复杂表面的处理，物质间的能量关系对处理的结果有着重要的影响。其中，固体的表面能决定了固体上的各种表面现象，吸附、润湿性、黏滞性等现象的重要性质，也是影响固体表面处理结果的关键因素。石质文物保护实施过程，对石材的表面能进行分析，不仅有利于石材表面的保护处理，而且其对石材本身风化研究的作用也是十分明显的。

所谓表面是指物质与真空、本身的蒸汽或含饱和蒸汽的空气相接触的分界面。但是在实际应用中，物质最直接接触的基本是大气，或是一个相与另一相接触的分界面，这时相接触的就称为“界面”，例如，气-液、固-液、液-液、气-固、固-固等界面。界面通常只有几个分子的厚度，在此范围内，物质的组成、结构、质点所处的能量状态及性质均与它两侧紧邻的母体内部很不一致，特别是处于界面层的分子与系统内部分子之间分子受力情况截然不同，因此，材料在界面处就表现出许多特殊的物理化学性质①。

8.2　表面能的分析

由于固体中分子的低流动性，其表面能很难直接测量，目前主要采用非直接测量方法。其基本原理是依据固体表面的润湿现象，即在待测量固体表面上滴数种标准液体并测量其接触角，依据物质间界面能的理论可以求出固体表面能的具体数值。

影响液-固接触角的因素很多，包括液体的蒸汽压、液膜的性质、固体表面的情况和测量的方法等。精确表达接触角和表面能之间的关系，即便是纯净的液体也相当不容易，在许多的情况下不得不作一些假设或近似。通常，表面能被假设成是色散力、偶极-偶极力、偶极-诱发偶极力、氢键力、π 键力、静电力、施体-受体交互作用的结果。为了实用，还将非分散性的交互作用包括在一项参数里。因此表面能的计算常常分为分散项（即色散力）- γ^d 和非分散项（即极性力）- γ^p [②]。

常用的固体表面能计算公式有 Owens 二液法、Oss & Good 三液法/ Owens 三液法、Neumann 法、Forkes 法和 Van Oss 法等[③]。这几种方法在国际上被广泛使用，有的甚至已经被编成固定程序，作为接触角测量仪的一部分出售。

本课题，拟采用 Owens 二液法。其理论由 Owens 和 Wendt 等于 1969 年提出[④]，该法是测量物体表面能经典的方法，至今仍被人们广泛使用[⑤]。

Owens 等认为固体基材（S）与液体（L）接触时的黏滞自由能 W 可由式（8.1）表示：

$$W_a = 2(\sqrt{\gamma_S^d\gamma_L^d} + \sqrt{\gamma_S^p\gamma_L^p}) \tag{8.1}$$

其中 d 、p 分别代表色散力与极性力。假设：

$$\gamma_i = \gamma_i^d + \gamma_i^p \tag{8.2}$$

$$\gamma_{SL} = \gamma_S + \gamma_L - W_a = \gamma_S + \gamma_L - 2(\sqrt{\gamma_S^d\gamma_L^d} + \sqrt{\gamma_S^p\gamma_L^p}) \tag{8.3}$$

将式(8.3) 与杨氏方程式,见式(8.4),合并,则可得到式(8.5)。

$$\gamma_S = \gamma_{SL} + \gamma_L \cos\theta \tag{8.4}$$

$$\gamma_L(1 + \cos\theta) = 2(\sqrt{\gamma_S^d\gamma_L^d} + \sqrt{\gamma_S^p\gamma_L^p}) \tag{8.5}$$

在式(8.5) 中,如果已知液体的表面能 γ_L 和其分项 γ_L^d、γ_L^p(可由物理化学手册查到),并测出液体在固体表面的接触角 θ,则只剩两个未知数 γ_S^d 与 γ_S^p。

为了求得这两个未知数，就需要两个方程，因此必须采用两种测试液体，获得如下方程组：

$$\gamma_L(1 + \cos\theta_1) = 2(\sqrt{\gamma_S^d\gamma_{L1}^d} + \sqrt{\gamma_S^p\gamma_{L1}^p}) \tag{8.6}$$

$$\gamma_L(1 + \cos\theta_2) = 2(\sqrt{\gamma_S^d\gamma_{L2}^d} + \sqrt{\gamma_S^p\gamma_{L2}^p}) \tag{8.7}$$

求解得到两个未知数 γ_S^d 与 γ_S^p,代入式(8.2),即将两参数相加就是所要求的固体基材的表面能 γ_S。该法又称为几何平均法。

用 Owens 法计算表面能，所选的两种测试试剂应满足如下条件：

(1) 两种液体的值 γ_L^p/γ_L^d 不能太接近,而且两者的差距越大越好;

（2）两种液体必须有不同的极性，即必须从极性液体和非极性液体中各选一种液体；

（3）测试溶液不能使固体的表面发生溶解、膨胀和变形等。

在日常工作所选择的测试液体一般是水与二碘甲烷，其表面能如表8.1所示，可完全满足上述要求。

表8.1　测试液体的表面能（单位：mN/m）

液体	γ_L^p	γ_L^d	γ_L	γ_L^p/γ_L^d	极性
水	51	21.8	72.8	2.36	极性
二碘甲烷	2.3	48.5	50.8	0.05	非极性

8.3　从表面能角度分析石材表面的预处理

石质文物的表面防护就是通过一系列的技术手段在石质文物的表层涂覆或合成一层具有保护功能的有机或无机防护材料。由界面能理论可知，欲在石质文物表面涂覆或合成防护材料的关键就是通过对基体表面修饰形成特殊官能团和薄层，以调节防护材料在石材基体表面形成的良好防护涂层，即促进基质表面的异相形成。

同时，如果石材基体上存在较多的活性中心，亦有利于增大膜材料对基体的附着力。在几乎所有的应用中，膜材料对基体的附着力都是一项极其重要的性质，它取决于基片和薄膜之间结合力的性质和强弱。膜材料对基体的附着力起源应归因于范德华力或化学键。按照结合能是减小还是增大，基体上的杂质可以使附着力减弱或增加。当存在着较多的成核中心时，附着力一般是增大的[⑥]。

影响膜材料与基体附着力的因素很多，其中基体的表面状态是一个非常重要的影响因素。如果基体表面有一层污染层，如表面残留有油脂、气体或氧化物等时，则不仅使基体表面的价键饱和，使基体与沉积原子间的结合力大大减弱，而且直接阻碍了沉积原子与基体间的接触，扩散附着也不可能，从而附着性能极差。所以，在膜材料沉积前，基体需经仔细的清洁、清洗，使其表面保持有较高的“活性”[⑦]。

因此，为了更好地在石材表面涂覆或合成保护材料，以及提高保护功能膜材料的附着力，必须对石材基体进行预处理。一般常用的措施包括：

（1）石材表面清洗：对石材基体进行严格的清洗、清洁处理。

在石质文物保护中，清洗程序一般为：①水洗，可以去除石材表面的尘土和可溶性物质，以及易脱落的不溶物；②有机溶剂清洗，可以将水洗难以去除的有机污物除去。

（2）石材表面修饰：活化表面，设法增加基体的活性，以提高其表面能，从而利于防护材料的合成及增加膜材料对基体的附着力。用清洗剂清洗，也可达到活化处理的效果[⑧]。

图 8.1 是石材经有机溶剂清洗后，其表面能的变化情况。清洗选用的有机溶剂包括乙醇、丙醇、丙酮、丁酮，以及它们按不同比例混合的混合溶液。清洗时，将先后用自来水和蒸馏水清洗干净的石材竖直浸入不同配比的上述表面清洗溶液，以及纯乙醇、丙醇、丙酮、丁酮溶剂中，石材完全浸没，放置约 18 h 取出，干燥后测定石材表面能的变化。表面能测试所用试剂：二碘甲烷（Diiodomethane）CH_2I_2（化学纯），水为蒸馏水。所用仪器为 JC2000A 型静滴接触角/界面张力测量仪，上海中晨数字技术设备有限公司制造。由图 8.1 可以看出：一般而言，相对于有机酮，有机醇的效果要好一些，低碳醇又比多碳醇效果好，尤以经乙醇处理过的石材表面能为最高。

这是由于有机醇分子中的氢氧键高度极化，其极性要强于有机酮，且羟基的引入将有利于有机模板与石材表面通过氢键相连。而且，在醇的水溶液中存在着与弱酸类似的酸性电离平衡，如式（8.8）所示：

$$ROH + H_2O \xrightleftharpoons{Ka} RO^- + H_3O^+ \tag{8.8}$$

该电离平衡形成的 RO^- 基负离子与水分子的溶剂化作用越好，则它的热力学稳定性越高，相对应的醇的 Ka 值就越小，即酸性较强。有机醇分子中的烃基越小，α-碳原子所连支链越少及越小，其酸性就越强；多元醇以及与 α-碳原子结合有较强吸电子基的有机醇，其酸性都相对较强[⑨]。RO^- 基负离子可以通过静电作用与其他物质结合。因此，纯乙醇的表面活化功能最高，最利于加载有机模板等步骤。

而醇、酮混合液的表面活性甚至低于纯酮的表面活性，其原因在于：一方面，酮的官能团羰基具有一定的极性；另一方面，低碳酮的羰基可与低碳

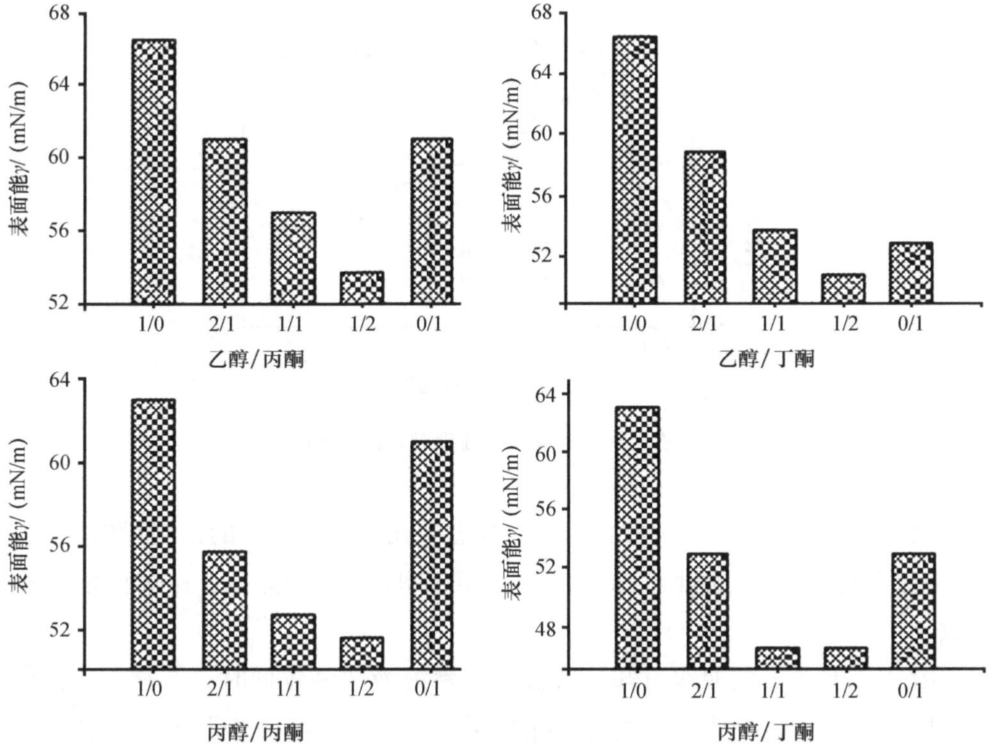

图 8.1　有机溶剂表面清洗对石材表面能的影响

醇的羟基形成氢键，造成低碳醇的价键饱和。

因此，从表面能角度，就可以方便明了地分析出石材经不同溶剂清洗的效果，有上述分析，并结合环保等因素的考虑，一般情况下，使用有机溶剂清洗时，仍以乙醇为首选。

图 8.2 是表面清洁后的石材经硫酸软骨素水溶液表面修饰后，石材表面能的变化情况。

在此过程中，表面修饰相当于在石材表面形成一层硫酸软骨素质的有机模板，表面修饰分别使用浸泡法和涂覆法加载硫酸软骨素有机模板。其中：

（1）浸泡法：将表面清洁的石材竖直完全浸入模板溶液中，浸泡 18 h 取出，干燥后测定其表面能的变化；

（2）涂覆法：用毛刷将有机模板溶液涂覆在表面清洁的石材上，待干燥后，再涂覆一次，重复约 6 次，测定其表面能的变化。

由图 8.2 可以看出：无论“浸泡法”，还是“涂覆法”都能够增大石材

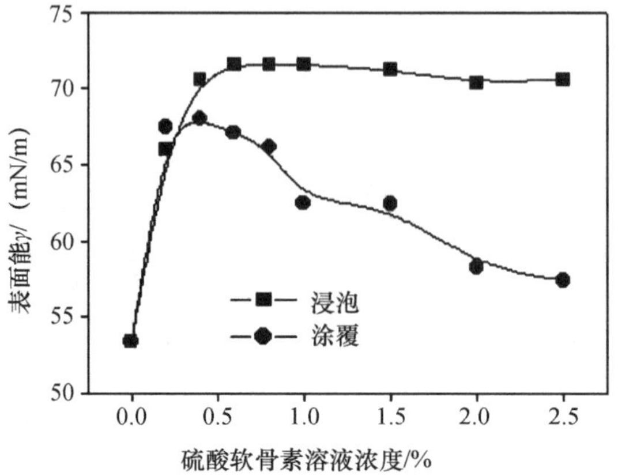

图 8.2　硫酸软骨素溶液活化处理对石材表面能的影响

的表面能。由于野外实际操作时，“浸泡法”几乎是不可能的，“涂覆法”与“浸泡法”结果的一致性意味着涂覆加载有机模板对改善石材表面能同样有效。

由“浸泡法”的曲线可知，硫酸软骨素溶液浓度较低时，石材的表面能急剧增加，至一定水平后，基本维持不变。而采用“涂覆法”时，硫酸软骨素溶液浓度较低时，石材的表面能也增加，但达到最佳点之后，又缓缓下降，这是由于采用“涂覆法”时，每次处理均涂覆 6 次，如果有机模板溶液的浓度较低，所含有机模板分子较少，不足以将基体整个表面完全地覆盖并活化，所以随着涂覆次数的增加，基体的活化程度得到提高，表面能增大；而有机模板浓度较高时，所含有机模板分子较多，较少次涂覆就足以将基体整个表面完全地覆盖并活化，如果继续涂覆，后来的模板分子反而会像“杂质”一样饱和基体上已经形成的活化中心，降低基体的活化程度，表面能随之降低。因此，有机模板溶液的浓度存在一个最佳浓度值。

有上述石材表面清洗和表面修饰两个实例可以看出，从表面能角度，可以方便明了地分析出石材经表面预处理后，表面能的变化情况，从而为选择良好的预处理方式提供定量依据。

参 考 文 献

① 李丽霞. 硅酸盐物理化学. 天津：天津大学出版社，2010：154.

② Fowkes F M. Determination of Interfacial Tensions, Contact Angles, and Dispersion Forces in Surfaces by Assuming Additivity of Intermolecular Interactions in Surfaces. The Journal of Physical Chemistry, 1962, 66 (2): 382; Fowkes F M. Comments on The Calculation of Cohesive and Adhesive Energies. The Journal of Physical Chemistry, 1968, 72 (10): 3700; Padday J F, Uffindell N D. Reply to Comments of F. M. Fowkes on The Calculation of Cohesive and Adhesive Energies. The Journal of Physical Chemistry, 1968, 72 (10): 3700; Lyklema J. Water at Interface: A Colloidchemical Approach. Journal of Colloid and Interface Science, 1977, 58 (2): 242-251; Israelachvili J N. Adhesion Forces between Surfaces in Liquids and Condensable Vapours. Surface Science Reports, 1992, 14 (3): 109-159; Owens D K, Wendt R C. Estimation of the Surface Free Energy of Polymers. Journal of Applied Polymer Science, 1969, 13 (8): 1741-1747.

③ Wu S. Contact Angles of Liquids on Solid Polymers. Polymer Interface And Adhesion, 1982, (4): 162; Al-Turaif H, Bousfield D W. The Influence of Substrate Absorbency on Coating Surface Energy. Progress in Organic Coatings, 2004, 49 (1): 62-68; Wu N, Dai J, Micale F. Dynamic Surface Tension Measurement with a Dynamic Wilhelmy Plate Technique. Journal of Colloid and Interface Science, 1999, 215 (2): 258-269; 谢坤峰. 纳米压印微影技术之脱模剂与表面能的研究. 桃源: "国立中央" 大学, 2004; Correia N T, Moura Ramos J J, Saramago B J V, et al. Estimation of the Surface Tension of a Solid: Application to a Liquid Crystalline Polymer. Journal of Colloid and Interface Science, 1997, 189 (2): 361-369.

④ Owens D K. Wendt R C. Estimation of the Surface Free Energy of Polymers. Journal of Applied Polymer Science, 1969, 13 (8): 1741-1747.

⑤ Li K, Wu P, Han Z. Preparation and Surface Properties of Fluorine-Containing Diblock Copolymers. Polymer, 2002, 43 (14): 4079-4086; Ponsonneta L, Reybiera K, Jaffrezica N, et al. Relationship between Surface Properties (Roughness, Wettability) of Titanium and Titanium Alloys and Cell Behaviour. Materials Science and Engineering: C, 2003, 23 (4): 551-560; Feng B, Weng J, Yang B C, et al. Characterization of Surface Oxide Films on Titanium and Adhesion of Osteoblast. Biomaterials, 2003, 25 (24): 4663-4670; Augsburg A, Grundke K, Pöschel K, et al. Determination of Contact Angles and Solid Surface Tensions of Poly (4-X-Styrene) Films. Acta Polymerica, 1999, 49 (8): 417-426; 马学虎, 高大志, 兰忠, 等. 功能表面材料与流体界面相互作用对垂直降液膜流动特性的影响. 高校化学工程学报, 2004, 18 (3): 269-274.

⑥ 叶瑞伦, 方永汉, 陆佩文. 无机材料物理化学. 北京: 中国建筑工业出版社, 1986: 95-114.

⑦ 顾惕人, 朱步瑶, 李外郎, 等. 表面化学. 北京: 科学出版社, 1994: 191-232; 朱履冰, 包兴. 表面与界面物理. 天津: 天津大学出版社, 1992: 24-178; 吴树森. 应用物理化学 (第一分册): 界面化学与胶体化学. 北京: 高等教育出版社, 1993: 61-90.

⑧ 叶瑞伦, 方永汉, 陆佩文. 无机材料物理化学. 北京: 中国建筑工业出版社, 1986: 95-114; 赵九蓬, 李垚, 刘丽. 新型功能材料设计与制备工艺. 北京: 化学工业出版社,

2003：106-115；徐滨士，朱绍华. 表面工程的理论与技术. 北京：国防工业出版社，1999：458-468.

⑨傅建熙. 有机化学. 北京：高等教育出版社，2000：174-176；袁履冰，高占先，陈宏傅，等. 有机化学. 北京：高等教育出版社，1999：246-249.

第九章　常用有机保护材料的副作用

目前，用于石质文物保护的主要材料是有机聚合物，它们能够在基本不改变文物外貌的前提下起到一定的防水和加固作用，可是随着认识的提高，人们越来越认识到使用有机聚合物化学保护石质文物也存在不少问题，如变色、寿命短、兼容性差等。

但是，另外一些潜在危害的严重性还没有引起人们的足够重视。其中，因为化学保护剂渗透性的限制在岩石表层产生的亲水/憎水界面就可能导致石材受某些应力而加速破坏[①]。这种破坏的迹象已在多处发现，但是有关这方面的系统性研究报道较少[②]。

为了证实憎水性化学保护界面的危害性，探索其中的规律，我们在工作中选用几种通用的有机硅类保护剂为表面防护材料，这是因为有机硅类化合物具有优于其他有机聚合物无法比拟的良好性能，如无色，对文物外观改变小，特别是其类无机的结构可使被保护的文物在处理后仍能“呼吸”，即保持良好的透气性，故在过去几十年中有机硅保护剂得到了广泛的应用[③]。并且，以常见的文物石材（砂岩、凝灰岩、白云岩、大理岩和花岗岩）为保护对象，模拟主要破坏因素，包括干湿循环、盐结晶、冻融和加热等作用，及其联合作用，进行了一系列试验研究[④]。

9.1　研究实验

9.1.1　材料和试剂

实验选用常见的、具有代表性的、未风化的石材作为实验用石材：①砂岩（sandstone）$5\times5\times2\ cm^3$，产地：云南；②凝灰岩（tuff）$10\times10\times2\ cm^3$，产地：浙江；③白云岩（dolomite）$12\times4\times2\ cm^3$，产地：云南；④花岗岩

(granite) $10 \times 10 \times 2$ cm^3，产地：云南；⑤大理岩（marble）$5 \times 5 \times 2$ cm^3，产地：云南。

实验用表面防护材料选用有机硅类防水加固剂：①长链硅氧烷防护剂，商用，散装；②短链硅氧烷加固剂，商用，散装；③烷基硅酸钾防护剂，商用，散装。它们都具有较好的渗透性和一定的透气性，不会改变岩石的外貌，是目前最常用的化学保护材料。

9.1.2　样品的预处理方法

取清洗干净的石材，用沾满防护剂的毛刷，参照国家天然石材防护剂行业标准（JC/T973－2005）在指定石面均匀涂覆渗透四遍，于室温下自然干燥 48 h，记录实验样品的起始质量。

实验用石材的预处理方式分为三类：

（1）石材表面未处理（即空白），简称“不涂”；

（2）石材正表面涂覆渗透化学保护剂（包括侧面的一半，反面未涂），简称“半涂”；

（3）石材表面全部涂覆渗透保护剂（包括六个面），简称“全涂”。

为了实验的准确性，每一项检测都做平行试验。

9.1.3　腐蚀循环

环境温度、干湿循环和盐结晶是破坏石质文物岩体和保护材料的重要因素，为了模拟石质文物被侵蚀的实际环境，对已经预处理的石材样品依次进行了盐水浸泡、冻融和加热的腐蚀循环实验，在该过程中也始终隐含了水的干湿循环作用，操作如下：

（1）盐水浸泡：将实验用石材样品竖直浸泡在盛有 0.5 mol/L Na_2SO_4溶液的容器中 12 h（称之为“安定性试验”）；

（2）冻融：置于－30 ℃的冰箱中冷冻 4 h；

（3）加热：于 60 ℃烘箱中恒温 4 h，冷却后，记录其质量。

以上记为一个循环。

破坏状态由质量损失率 Δm 表征，Δm 按下式计算：

$$\Delta m = \frac{m_{终} - m_{始}}{m_{始}} \times 100\% \quad (9.1)$$

9.2 结果与讨论

9.2.1 实验现象

1. 样品的颜色变化

当处于干燥状态时，涂过和未涂保护剂的石材样品的表面颜色没有区别；但是将石样浸入盐溶液后，涂过和未涂保护剂的石样表面颜色对比鲜明，未涂的部分颜色变深，涂覆部分的颜色无明显变化，这说明未涂的部分吸湿性很强，而涂了保护剂的部分几乎不吸水。“半涂”长链硅氧烷防护剂的砂岩的情况如图 9.1 所示，经测量，涂覆保护剂部分的水的接触角为 120°左右，说明其憎水性良好。其他系列的石样也有类似现象，只是白云岩和大理岩本身是白色的，颜色对比不太明显。

2. 样品的长度变化

石样经过溶液浸渍后，“不涂”保护剂的石样都有所增长，如以长链硅氧烷防护剂涂覆处理的石材样品为例，砂岩的长度增加了 0.1%，凝灰岩的长度增加了 0.08%，白云岩的长度增加了 0.18% 等；而“全涂”保护剂的石样的长度基本上没有变化；“半涂”保护剂的石样的长度处于两者之间。这一事实说明石材有明显的吸湿膨胀性质。涂上化学保护剂的石材不吸水、不膨胀，不涂的空白石材吸水、膨胀，这样在“半涂”情况下石材的干湿两部分之间必然引起湿胀应力差。

9.2.2 腐蚀循环实验

在盐水浸泡、冻融和加热腐蚀循环实验中，经过 4 次循环后，“不涂”、“半涂”和“全涂”长链硅氧烷防护剂的三种不同方式处理的砂岩石样发生了不同的变化，两块“半涂”的砂岩石样表面已开始起甲、鼓泡。剥裂现象

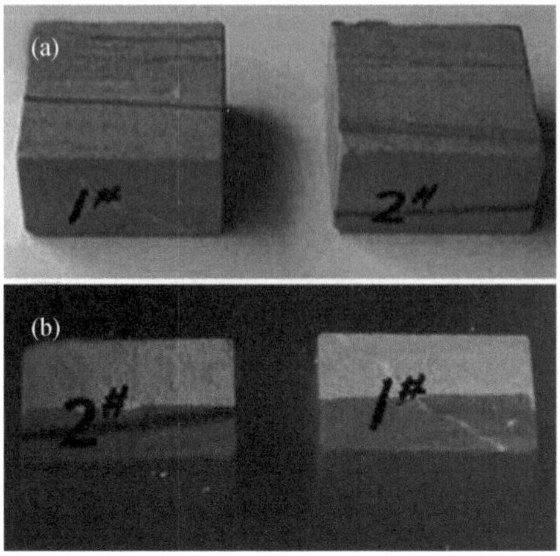

图 9.1 “半涂”长链硅氧烷剂的砂岩颜色对比
（a）干燥状态；（b）盐溶液中浸泡时的状态

最为明显的地方发生在涂与未涂保护剂的交接处，具体表面状态见图 9.2。“不涂”的石样表面稍微变得毛燥；“全涂”的石样基本无明显变化。经过第 7 次循环后，“半涂”的石样破坏已很严重，表层已经完全翘起、剥落，而“不涂”的石样只是表面有轻微变化，“全涂”的石样仍然无明显变化（图 9.3）。

上述三种经不同方式处理的砂岩石样的失重率曲线如图 9.4 所示。失重率曲线定量地证明了上述现象，即“半涂”的石样破坏严重，“不涂”的石样破坏较轻微，“全涂”的石样无明显变化。图 9.4 中，“不涂”和“半涂”的石样的失重率曲线开始时上升是由于石材吸收盐溶液后，水分挥发，部分盐分析出，而部分盐分残留造成的；“半涂”的石样 7 次循环后重量急速下降是因为石样已破裂、表层剥落的缘故。

经过腐蚀循环实验的凝灰岩也有与砂岩类似的实验现象，即“半涂”的石样破坏严重，“不涂”的石样破坏较轻微，“全涂”的石样无明显变化。第 5 次腐蚀循环后，凝灰岩石样的表面状态如图 9.5 所示，失重率曲线如图 9.6 所示。

砂岩和凝灰岩石样的腐蚀循环实验表明：

（1）有机硅保护层在渗透整个岩石时有一定的保护作用，但在野外对实际大型石质文物进行保护时往往很难实现。因为：①一般情况下，化学保护

图 9.2　第 4 次腐蚀循环后，“半涂”长链硅氧烷防护剂的砂岩石样的表面状态

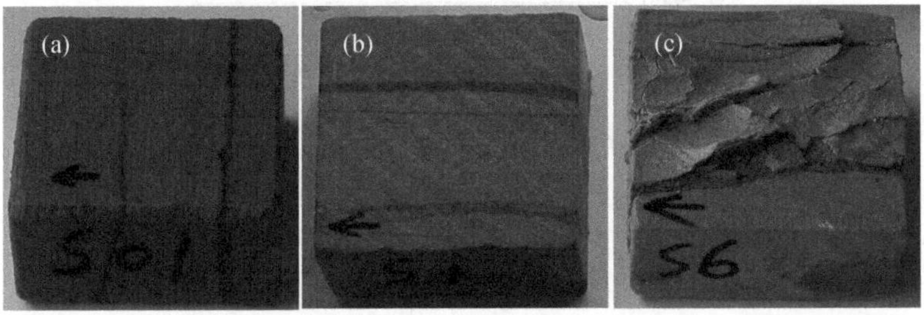

图 9.3　第 7 次腐蚀循环后，三种不同方式处理的砂岩石样的表面状态

防护剂：长链硅氧烷；处理方式：(a)“不涂”；(b)“全涂”；(c)“半涂”

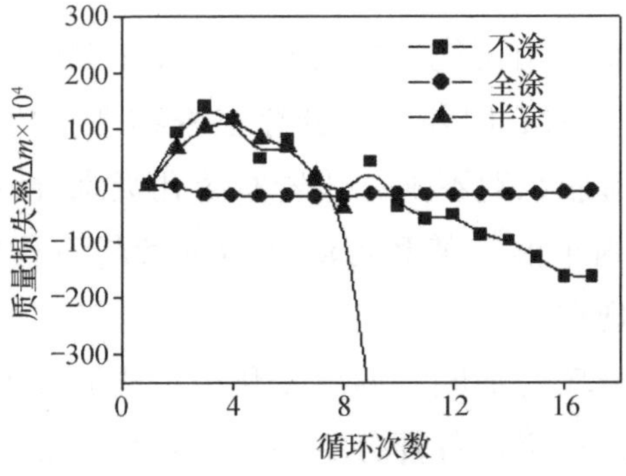

图 9.4　三种不同方式处理的砂岩石样的腐蚀循环失重率曲线

剂的渗透深度有限；②多数石质文物如摩崖石刻、石碑、石塔等体积很大，且都直接与大地相连，所以一般情况下的野外石质文物保护都与实验中的“半涂”情况类似，这样，就有可能造成更严重的破坏。

图 9.5　第 5 次腐蚀循环后，三种不同方式处理的凝灰岩石样的表面状态

防护剂：长链硅氧烷；处理方式：(a)“不涂”；(b)“全涂”；(c)“半涂”

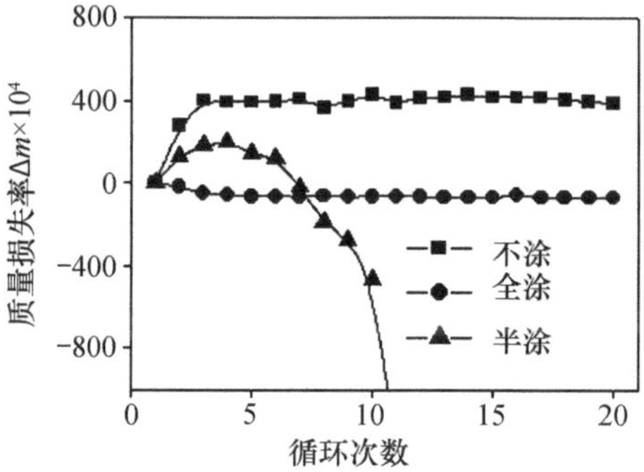

图 9.6　三种不同处理方式的凝灰岩石样的腐蚀循环失重率曲线

（2）憎水性化学保护有可能造成岩石更严重的破坏。原因是表面化学保护（“半涂”情况）使岩石内外两部分存在着物理性质的明显差异，包括：①热胀系数不同；②湿胀系数不同；③岩石微孔吸水性（亲水性）不同。在环境温度变化、岩体内干湿交替和可溶性盐的参与下形成了界面破坏应力。这些应力破坏具体表现在：

首先，温差应力破坏的加剧。温度变化时，岩石交替膨胀和收缩，由于岩石表面与内部的胀缩程度在各部分不一致，致使岩石内部产生了类似同心圆状的裂隙，在岩石凸出的部分常形成圆球状剥落；另外，组成岩石的各种矿物的吸热膨胀和冷却收缩的性能不一致，所以在不同矿物之间也会出现裂缝，这样颗粒间的连接和表层与里层的连接遭到破坏，致使岩石表层变得疏松，出现层状脱落或颗粒的脱落，促使岩石风化干裂。

在石材表面涂上有机保护材料后，一方面，由于有机保护材料与基底材料石材的热伸缩膨胀系数的不同，且有机材料的热传导性能差，温度变化时，憎水性防护膜会使石头的内外层产生更为显著的温度梯度；另一方面，温度梯度的加大使石材表层与内部的温差应力加剧，加快了石材风化破坏的速度。

其次，干湿交界处的明显的膨胀收缩应力差使石材的温差应力变得更加明显，更加加快了石材风化破坏的速度。所以，实验中“半涂”的石材发生破坏时，一般均先在石材未涂覆与已涂覆保护材料的界面处发生。如图9.2—a所示为砂岩在界面处最先发生破坏的情况，凝灰岩亦如此，如图9.7所示。

再次，结晶应力破坏的加剧。石材的结晶应力破坏主要来自温度或湿度变化时，析出盐的结晶和水转化成冰的结晶。当保护层不能透过水汽时，带有可溶性盐的水分会在保护层下，随着环境干湿和冷热变化产生冰的结晶压力，直到使保护层破裂。当保护层可以透过水汽有一定呼吸功能时，即不透液态水、可透气态水、可溶性盐会在保护层下水汽挥发处结晶、积累，强大的结晶压力可以强行顶破保护层，导致石材直接被胀破或断裂，如图9.8所示。

图9.7　第5次腐蚀循环后，“半涂”长链硅氧烷防护剂的凝灰岩界面处破坏情况

图9.8显示了砂岩石材样品被破坏后的几种严重状态，有的表层胀破，有的表层整块剥落，有的甚至断裂。这几种不同的破坏形态与保护剂的渗透深度有关：当保护剂渗透深度较浅时，即石材的被加固层较薄，则破坏时被直接胀破；而当渗透深度较深，即石材的被加固层较厚时，破坏时，整个被加固层就会完全剥落；更深时，甚至可能会直接断裂。图9.9为被胀破、表层剥落的砂岩，在样品的断面上可以明显看到富集的盐结晶。

图 9.8 实验过程中，“半涂”防护剂的砂岩样品的不同破坏状态

图 9.9 表层胀破的砂岩断面上积累盐分的结晶状态

9.2.3 岩石性质的影响

石材被憎水保护剂保护后，反而加剧了其风化的速度，这种破坏的程度不仅取决于可溶性盐的类型，也取决于石材的结构和微孔的形态。

同样是“半涂”长链硅氧烷防护剂的石材样品，不同种类的岩石可以经受的腐蚀循环次数不同。相对于砂岩和凝灰岩，白云岩的破坏过程要缓慢得多，仅在第 10 次腐蚀循环后，“半涂”石材棱角处的结构变得疏松。此外，花岗岩和大理岩的破坏过程更加缓慢。不同种类的新鲜石材“半涂”长链硅氧烷防护剂后，石材表面发生破裂所需的最少腐蚀循环次数，以及岩石的有关性质如表 9.1 所示。

表 9.1　“半涂”长链硅氧烷防护剂的石样破裂所需的最少腐蚀循环次数与岩石性质的关系

岩石种类	砂岩	凝灰岩	白云岩	花岗岩	大理岩
破坏最少循环次数	4	5	15 ~ 20	>60	>60
岩石抗压强度 MPa	20	25	80	100	100
岩石吸水率%	4.48	6.45	0.20	0.32	0.12
岩石主要化学成分	SiO_2	SiO_2	$CaMg(CO_3)_2$	SiO_2	$CaCO_3$

由表 9.1 可以看到，在各种岩石的“半涂”保护剂的样品中，强度越弱的岩石越易被破坏；吸水率越高的岩石越易被破坏。表面化学保护后容易造成破坏的程度依次为：砂岩 > 凝灰岩 > 白云岩 > 花岗岩/大理岩。一般来说，石质文物的表层经历过长年的风化，其表层强度往往较低，吸水率往往较高，因此更容易受到应力破坏。

接触角实验发现：经过 35 次腐蚀循环后，大理岩石样表面保护层的憎水效果已经消失，这是表面憎水化学防护对大理岩石材影响较小的原因。大理岩的主要成分是碳酸钙，几乎不含 SiO_2（白云岩中含有少量 SiO_2），因此难以很好地吸附—OH 活性基团，进而与有机硅防护材料形成稳定的硅氧键，导致有机硅防护涂层在大理岩表面容易掉落⑤。另外发现，经过 60 次腐蚀循环以后，几种不同处理方式的花岗岩样品表面保护层的憎水效果都大为减弱，这时“半涂”保护剂石材的实验意义减小，因为“半涂”保护剂石材的内部两部分物理性质之间的差异已逐渐消失。

9.2.4　保护剂憎水性强弱的影响

由以上讨论可以看出，岩石表面化学保护层的破坏作用主要来自其憎水性，或者说憎水的保护层与亲水的基材之间的矛盾。为了进一步验证，我们选取了憎水性不同的三种有机硅类保护材料：①长链硅氧烷防护剂；②短链硅氧烷加固剂；③烷基硅酸钾防护剂。分别涂覆在砂岩石材的正表面（“半涂”），测得水的接触角分别为：134.6°、131.7°、119.5°，角度依次递减。

然后进行腐蚀循环实验，发现石材表层剥落的时间分别为 7 次循环、13

次循环、15 次循环，耐腐蚀性呈现依次递增的趋势。实验表明保护材料的憎水性越大，界面应力越集中，破坏速度也越快。由此从另一侧面证明了憎水的保护层与亲水的基材之间的矛盾是造成石材破坏的重要原因。

9.2.5 石材体积大小的影响

为了验证有机保护材料的副作用在野外实际操作时，是否会因岩石体积大小的变化而消失，我们选择了不同大小的凝灰岩石材“半涂”长链硅氧烷防护剂，进行了腐蚀循环破坏。实验石材的体积分别为：①10 cm×10 cm×1.5 cm；②10 cm×10 cm×2.5 cm；③10 cm×10 cm×3.0 cm。

图 9.10 为经历 17 次腐蚀循环后，不同大小的凝灰岩石材的破坏状态，图 9.11 是循环过程中样品的失重率曲线。可以看出，体积较小的石材样品很快就腐蚀破坏了，但仅仅是表面层发生剥落；而体积较大的石材样品在开始时则会相对稳定些，但在一段时间后，会突然破裂，完全断裂。这是因为体积较小时，少量的盐分结晶产生的结晶应力就足以将其破坏；而体积较大时，开始少量的盐分结晶应力还不足以将其破坏，但随着盐分的增加，结晶应力也在不断地增加，当达到一定的极限时，盐结晶的应力破坏严重到足以将石材完全断裂。如图 9.10 所示，经历相同次数的腐蚀循环后，体积越大的石材样品破坏越严重。这说明，实际操作时，有机保护材料的副作用影响将不会因石质文物的岩体巨大而消失。

图 9.10 第 17 次腐蚀循环后，不同大小“半涂”长链硅氧烷防护剂的凝灰岩石样破坏状态

(a) 10cm×10cm×1.5 cm；(b) 10cm×10cm×2.5 cm；(c) 10cm×10cm×3.0 cm

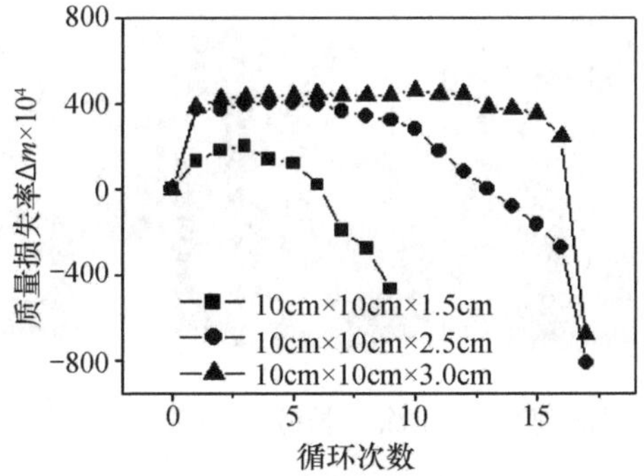

图 9.11　不同大小“半涂”长链硅氧烷防护剂的凝灰岩石样腐蚀循环失重率曲线

9.2.6　破坏因素强弱对比实验

为了探讨各种破坏因素对化学保护后岩石的影响程度，我们以“半涂”保护剂的砂岩为例进行了下列实验：

（1）双因素破坏实验：即在腐蚀循环实验中，分别将盐水浸泡、冻融、加温三个破坏因素中的一个去除；

（2）单因素破坏实验：即将盐水浸泡、冻融、加温三个破坏因素的两个去除，这是一个破坏因素的正交试验，以探索盐结晶、冻融、加温分别对化学保护后岩石的影响。

以“半涂”长链硅氧烷防护剂的砂岩石材样品为例，分别进行破坏因素对比实验。

双因素破坏的实验条件如表 9.2 所示，18 次破坏循环后，“半涂”保护剂的砂岩石材表面状态如图 9.12 所示。

表 9.2　双因素破坏实验条件

编号	盐结晶	冻融（-30 ℃）	加热（60 ℃）
SA	水浸	常温	加温
SB	盐浸	冷冻	常温
SC	盐浸	常温	加温

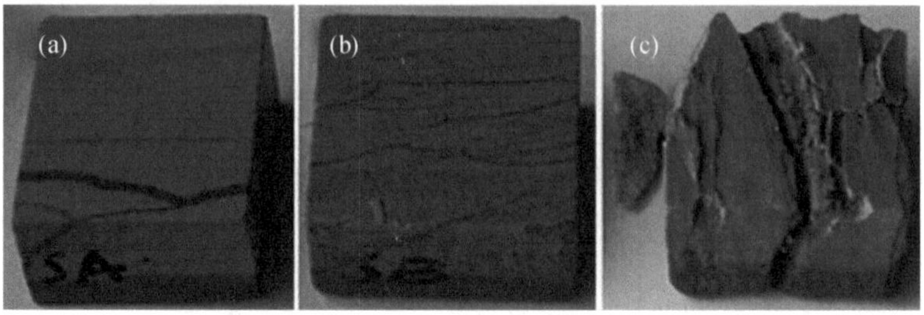

图 9.12 双因素破坏实验的“半涂”长链硅氧烷防护剂的砂岩石材表面状态（循环次数：18 次）

（a）SA 样；（b）SB 样；（c）SC 样

单因素破坏的实验条件和发生破坏所需的最少循环次数见表 9.3。

表 9.3 单因素破坏实验条件和被破坏的最少腐蚀循环次数

编号	盐结晶	冻融（-30℃）	加热（60℃）	破坏循环次数
01	盐浸	冷冻	加温	4
02	盐浸	常温	常温	24
03	水浸	冷冻	常温	>60
04	水浸	常温	加温	>60

从上述双因素和单因素的破坏实验可以发现，破坏因素对“半涂”保护剂的石材影响大小的排序是：盐结晶 > 加热 > 冻融。从破坏作用力考虑，岩石微孔吸水率不同导致亲水/憎水界面的产生，并由此引起的盐结晶膨胀应力的破坏性最大。与盐的结晶应力破坏相比，热胀系数不同导致的热胀应力和湿胀系数不同导致的湿胀应力的破坏性要小一些。而水在各种破坏应力中都是重要的媒介。在对野外大型石质文物进行化学保护时，由于岩体大多与大地相连，如果化学保护层不能透过水汽，则带有可溶性盐的水分在保护层下会随着湿度和冷热的变化产生压力，直到顶破保护层；如果化学保护层可以透过水汽，则可溶性盐会在保护层下水汽挥发处结晶、积累，强大的结晶压力可以强行顶破岩石。

9.3 结论与启示

1. 结论

（1）大型石质文物表面的憎水性化学保护，在保护剂渗透深度仅几毫米的情况下，有可能产生严重的破坏作用。岩石的强度越小，吸水率越高，越容易受到破坏；保护剂的憎水性越强，界面应力越集中，破坏速度越快。

（2）破坏的主要原因是：在干湿循环过程中，被保护部分的憎水性和岩石基底的亲水性产生的物理性质的差异和界面应力。通过水在岩石内部的运移和相变过程，盐结晶、加热、冻融将加剧表面保护层的破坏速度，其中盐结晶的影响最大，加热和冻融次之。

2. 启示

上述研究结果提示我们，在保护石质文物时，应该谨慎使用憎水性表面化学保护。即使必须使用亦应注意以下几点：

（1）应了解水（潮气）在岩体内外的运移和相变情况，避免干湿循环本身产生和由此引发的应力破坏；

（2）应了解可溶盐在岩石内部的运移情况，注意岩体脱盐和隔离盐的来源；

（3）避免环境温度和湿度的急剧波动以减缓破坏速度；

（4）使化学保护剂渗透岩体达到相当深度以抗衡界面应力，或建立憎水梯度以分散界面应力。

用有机聚合物对石质文物进行表面化学保护时，有机材料的憎水性与岩石亲水性的矛盾总是难以避免的。解决途径之一就是开发与岩石相容性良好的保护材料，如亲水性的生物矿化材料等，这也是本课题研究的目的所在。

参考文献

① 张秉坚，尹海燕，铁景沪. 石质文物表面防护中的问题和新材料. 文物保护与考古科学，2000，12（2）：1-4.

② Mosquera M J，Pozo J. Stress during Drying of Two Stone Consolidants Applied in Monumental Conservation. Journal of Sol-Gel Science and Technology, 2003, 26 (1-3): 1227-1231.

③ Tarasov V I. New Colloid Silicate Solutions for Restoration and Conservation of Stone Facades. Russian Journal of Applied Chemistry, 2001, 74 (12): 1985-1989; Cardiano P, Mineo P, Sergi S, et al. Epoxy-Silica Polymers as Restoration Materials, Part II. Polymer, 2003, 44: 4435-4441; 韩冬梅，郭广生，石志敏. 化学加固材料在石质文物保护中的应用. 文物保护与考古科学，1999，11 (2): 41-44.

④ 刘强，张秉坚，龙梅. 石质文物表面憎水性化学保护的副作用研究. 文物保护与考古科技，2006，18 (2): 1-7.

⑤ Lewin S Z. 王金华，译. 用于石刻艺术保护的化学合成物的现状. 文物保护与考古科学，2001, 13 (2): 58-64.

第十章　石质文物仿生防护的理论探讨

10.1　石质文物表面的天然保护材料

我们实验室在对野外的各种石质古迹进行考察时，发现一些含钙岩石表面的某些石刻文字尽管经历了长期的自然风化、生物破坏和酸雨侵蚀，但至今仍然保持完好。仔细观察发现，其表面有一层天然形成的致密的亲水性半透明膜，在某些部位的膜层下，一千多年前在岩石上雕刻的刀痕都还隐约可见，如图 10.1。除碳酸岩外，这种膜的痕迹也偶见于古老的花岗岩和砂岩。

图 10.1　取样点：杭州灵隐双塔

（a）塔身；（b）塔基；（c）塔基上石刻文字

我们对这种膜的样品进行了一系列的分析（FTIS、PIM、EDS、SEM、TEM等），样品采自杭州灵隐寺双塔（建于公元960年的石灰岩塔，如图10.1），呈黄棕色或灰黑色。分析结果表明，这是一种以草酸钙为主要成分的致密生物无机膜，主要成分为草酸钙（重量含量超过55%），及一些无机矿物，膜的厚度达10 μm以上，其微结晶结构极其细密，表面还残存微生物及菌丝的遗迹。各种特征说明这是微生物分泌物与岩石相互作用的产物，是一种生物无机膜，其形成过程应该是一个在生物体控制下的生物矿化过程[①]。

首先，由于偶然原因，岩石表面附着了某些有机生物，如地衣、苔藓等微生物。当周围环境合适时，这些微生物新陈代谢过程中分泌或遗体残留各种微量的有机酸，其中只有草酸能与含钙岩石发生如下反应：

$$Ca^{2+} + C_2O_4^{2-} \rightarrow CaC_2O_4 \downarrow \text{（白色固体）}$$

生成微量的草酸钙晶体沉淀。草酸钙与碳酸钙的物理、化学性质十分近似，所以生成的草酸钙和岩石紧密结合在一起。而且，常温下草酸钙的溶解度比碳酸钙的溶解度小一个数量级，特别是在酸性环境下，相差更大，这表明草酸钙较碳酸钙可以更好地抵抗酸性水溶液的侵蚀破坏，故它可以保护岩石，防止其遭受进一步的腐蚀[②]。

石质文物表面草酸钙保护膜的研究引起许多科学家的关注。例如，Cezar报道了在意大利佛罗伦萨的一些壁画和石刻雕塑上发现的自然存在的、致密的、不渗水的草酸钙薄层，艺术品在这层草酸钙的保护下，保存良好[③]。

Garty等在一种叫Ramalina lacera的叶状地衣所依附的岩石表面发现了天然的草酸钙薄膜，其中还含有一些硫酸盐，他们推测这种膜的形成是在地衣协助下的生物矿化的结果[④]。

Monte在对Imperial Roman纪念碑研究时也发现，其表面有一层起保护作用草酸盐薄膜[⑤]。

Garcia-Valles等人不仅在大理石和石灰石的文物表面发现了天然草酸钙保护膜，在其他几种不同石质（主要含硅、钙等）的文物表面也发现了类似的草酸钙和磷酸钙，同时在发现处也有生物组织存在的痕迹[⑥]。

Danin等人也提到，在长期生长有微生物的岩石上，微生物分泌的黏液及死亡后的遗体，在微生物的作用下可氧化分解，分泌出具有溶蚀作用的草酸，与岩石反应生成草酸钙。因此，草酸钙的生成过程实质就是缓慢的生物化学作用的酸腐蚀作用过程[⑦]。

Vendrell-Saz 对取自加泰罗尼亚 Tarragona 教堂表面的样品进行了一系列分析，同样发现是由方解石、草酸钙和磷酸钙组成，并直接提出这层和石材基质不同的矿物质应该是微生物作用下的生物矿化的产物[8]。

目前，石质文物表面草酸钙的生物性起源还存在着一些争论。Rampazzi 等人认为，它可能是前人保护处理的遗留物[9]。但是，这一观点不能解释“为什么草酸钙也在许多并没有任何保护过的石质文物表面发现的事实”。针对这些质疑，Monte 称石质文物上的草酸钙是一种地衣等微生物的代谢产物[10]。

而且，各种实验也证明了草酸钙的生物性起源[11]。Monte 从 Pisa 塔上采取了一些 Sporotrichum 菌株，与大理石一起放入培养液，在 28 °C 下培养，大理石样预先经 120 ℃高温消毒。8 个月后，大理石的表面生成了一层橙黄色的薄膜。分析表明薄膜的化学成分为：66% 草酸盐、16% 方解石，以及磷酸盐和微量的硝酸盐[12]。由此证明了草酸盐薄膜的生物成因。

无论争论到何时，合适形态的草酸钙薄膜对石质文物的保护作用却是不容置疑的，无论赞同的[13]，还是反对的[14]。国际上，还为此于 1996 年在意大利米兰专门召开了名为“艺术品上的草酸盐保护薄膜（The Oxalate Films in the Conservation of Works of Art）”的国际论坛，有大量相关研究成果发表。

10.2　生物矿化材料

近年来，有关生物矿化的研究十分引人注目，主要原因是该领域具有十分明显的学科交叉与渗透特点，它处于生命科学与化学、物理学和材料科学的交汇点，更为重要的是它为人工合成具有特种功能的晶体材料和生物智能材料提供了一种新的思路，而且合成过程中所用能量极少，其结晶过程是典型的自动组装过程，因而符合环保对材料科学的要求[15]。

近二十多年来，生物矿化作用研究有了很大的发展，研究领域日益拓展，研究深度逐渐加大。研究领域已从结晶学水平深入到分子和细胞学水平，纵观生物矿化的研究过程，其经历了五个阶段：①1976 年以前，着重探讨生物矿化作用的概念和不同门类矿化作用的特点；②1976 ~ 1980 年，主要研究全球海洋化学环境变化历史与生物矿化作用的关系，特别是碳等元素的全球循环对生物矿化作用演化的意义；③1981～1988 年，主要研究生物矿化的作用机制和从理论解释生物矿化这种现象；④1989～1994 年，主要研究生物矿化作用节律对环境的指示，特别是软体动物生长速率、化学元素和微细结构、环境再造和污染监视等；⑤1994 年至今，生物骨骼起源与早期生物矿化作用也愈来愈受到重视[16]。其中，利用生物矿化的原理进行仿生材料的合成一直贯穿所有阶段。

10.2.1 生物矿化的一般原理

生物矿化作用是生物形成矿物的作用，是在一定物理化学条件下，在生物体内的特定部位，在生物有机物质的控制或影响下，无机元素从环境中选择性地沉积在特定的有机质上而形成固相矿物的作用。所以，生物矿化是一个细胞调控下极为复杂的微组装过程，并且因生物种类而异。生物矿化作用区别于一般矿化作用的显著特征是：生物矿化中的无机矿物往往是在有机物质的参与下形成的，它们只能在特定的有机基质功能点上成核，而在其他位点，这一过程则是受阻的或禁止的；并且，在整个结晶过程中受到了有机物质及其他生命活动的调控，因而在晶体的形态、尺寸，以及取向上都具有高度的统一性和有序性，而这些特性又使生物矿化材料具有特殊的功能[17]。

一般的晶体生长概括起来可以分为四个过程，即溶质溶解、晶核的形成、晶体的生长和晶体的形成。结合生物矿化的显著特征，相应地可将生物矿化过程分为四个阶段[18]：

（1）有机基质的预组织（超分子预组织）。在矿物沉积前，构造一个有组织的反应环境，该环境决定了无机物成核的位置。有机基质的预组织是生物矿化的模板前提，有机基质与无机相在分子识别之前将识别无机物的环境组织得愈好，则它们的识别效果越佳，形成的无机相也就越稳定。该阶段是生物矿化进行的前提。

（2）界面分子识别。在已形成的有机基质大分子组装体的控制下，溶液中的无机成矿离子在有机/无机界面处成核。其中的分子识别表现为有机基质分子在界面处通过晶格几何特征、静电电势相互作用、极性、立体化学互补、氢键相互作用、空间对称性和拓扑结构等方面影响和控制无机物成核的部位、结晶物质的选择、晶型、取向及形貌等[19]。

（3）生长调制（化学矢量调节）。无机相通过晶体生长进行组装得到亚单元，同时形态、大小、取向和结构等受有机基质分子组装体的控制。由于实际生物体内矿化中有机基质是处于动态的，所以在时间和空间上也受有机基质分子组装体的调节。在许多生物体系中，分子构造的第三个阶段，即通过化学矢量调节赋予了生物矿化物质具有的独特结构和形态基础。

（4）外延生长（细胞水平调控与再加工）。在细胞参与下，亚单元组装成更高级的结构，该阶段是造成天然生物矿化材料与人工材料差别的主要原因，而且是复杂超精细结构在细胞活动中进行最后修饰的阶段。

在生物矿化的四个阶段中同时存在三个层次：第一个层次，对溶液中无机结晶中的成核位点的控制；第二个层次，无机体系中两种或两种以上溶质结晶位点的分离；第三个层次，有机基质对界面下无机矿物体系的结晶作定向有序的控制。

10.2.2 分子水平上的生物矿化机制

生物矿化过程的一个显著特征是这个过程受控于有机大分子基质，它可以是任何由有机成分组成的局域化表面，如蛋白质、磷脂、胶原质和碳水化合物等[20]。有机大分子基质在生物矿物过程中起着十分关键的作用，其有规则的预组装为无机生物矿化提供了一个结构上的框架，更重要的是在此基础上一些有机大分子官能团在界面与无机晶体离子相互作用，直接参与控制无机矿物的成核和生长，即“分子识别”[21]。

分子识别表现为具有一定规整的预构造的有机大分子基质在有机－无机界面处通过多个因素相互作用影响和控制无机矿物沉积的部位、结晶物质的选择、晶体颗粒的尺寸、多晶型的选择、晶体学取向以及最终的晶体形貌等，从而使生物矿物具有特殊的多级结构和组装方式，表现出特殊的理化性质和生物功能。这种选择识别作用主要表现在晶格几何特征、静电势相互作用、极性、立体化学因素、空间对称性和基质形貌等方面[22]。Mann 提出界面有组织矿化的观点[23]，这一观点促使更多的研究者将精力集中于有机－无机界面，从分子水平上研究生物矿化机制[24]。具体如下：

（1）静电势相互作用和电荷在界面的富集：是指有机基质表面的负电荷积累与无机矿化阳离子之间的静电作用对成核生长的影响。

Lochhead 认为带负电的有机基质利于诱导无机相在有机基质的特殊位点上异相成核，而抑制无机相在溶液本体中的均相成核，从而有利于晶体的生物矿化生长。Crenshaw 根据对双壳类有机基质的研究，提出了生物矿化的"离子移变说（iontropic theory）"，即带负电荷的有机基质螯合带正电的阳离子，然后吸引阴离子，诱导出局部的晶体阴离子浓度增大，从而进一步吸引更多的阳离子，直到有机 - 无机界面上的离子浓度增大到有利于晶体的异相成核[25]。Lochhead 等对这种有机 - 无机界面的相互作用进行了理论计算[26]，发现在带负电荷的有机单层膜界面处，阳离子的浓度一般比溶液体相中的要高，且与体相中的阳离子浓度无关。但界面处的阴离子浓度相比体相中的要低，从而使界面处的阴、阳离子之比偏离晶体的化学计量比，而这种偏离有利于晶体成核生长。界面处的静电相互作用是晶体在有机基质上异相成核生长的根本原因还有许多相关的报道证明[27]。总之，有机基质和无机相通过静电相互作用和电荷在界面的富集，在界面层中所形成的双电荷层对生物矿化的进行起了关键的作用。

（2）晶体的晶格几何匹配：是指有机 - 无机界面上有机基质大分子与无机晶体的晶格尺寸匹配。

根据晶体成核热力学理论和公式可知：降低晶体的表面能垒、增加溶液的饱和度都可以促进成核；而且，如果晶粒 - 基质表面之间相互作用的净界面能比晶粒 - 溶液的界面能低，那么异相成核将优先发生[28]。在有机基质大分子的诱导下，晶体的生长机理发生改变，一方面，有机基质的存在使溶液表面成核矿物粒子的浓度增大；另一方面，有机基质与成核矿物离子之间的分子识别导致膜的亲水基团和矿物离子之间的精确匹配。当有机基质表面结构与晶体的某一晶面晶格参数相匹配时，晶体成核活化能降低，诱导晶体沿该晶面择优生长，形成大小均一、取向一致的晶体。

如在贝壳中大部分的文石晶体具有相同的取向，不仅在同一层的珍珠层中如此，而且在垂直于该层的方向上也是这样。高度一致的取向归因于蛋白质层和文石晶格之间的结构匹配[29]，文石晶体的（001）晶面和蛋白质之间存在两种较为匹配的模式，分别有 4 个和 3 个匹配点，导致形成两种晶体的取向。

Weiner 等根据软体动物贝壳珍珠层有机质的结构研究和推测，认为有机基质模板的周期结构与晶体某一方向晶面的周期晶格常数相适应，降低了无机相异相成核的活化能，诱导晶体沿该方向晶面生长，从而使该晶面晶轴垂直有机基质模板[30]。

晶格匹配除了决定晶体的取向外，还可以决定晶体的晶型。Falini 证实水溶性基质蛋白对碳酸钙的结晶类型起决定性作用，不需要其他离子的参与就可为不同晶型的碳酸钙成核提供合适的三维空间结构和局部微环境[31]。水溶性基质蛋白质分子的“－Asp”（Asp：天冬氨酸；Y：其他氨基酸残基）重复序列带有强烈的负电荷，能束缚 Ca^{2+}。当这种序列采取 β-折叠的构象时，Asp 的 β 羧基所带负电荷之间的距离可以与碳酸钙晶格中 Ca^{2+}之间的距离匹配。如果与文石的（001）晶面之间有较好的匹配关系时，可诱导文石以（001）晶面成核[32]，而其侧链间距与方解石（001）晶面上沿 b 轴排列的 Ca^{2+} 的间距匹配时，则诱导方解石以（001）晶面成核[33]。

（3）空间立体化学结构互补：是指在有机－无机界面处，有机大分子和无机晶体的无机离子空间结构尺寸要求达到匹配互补，从而相互识别并诱发特定的成核效果[34]。

有机基质分子立体结构上的细微差别，都能从与之作用矿物的特定晶面的生长或溶解中反映出来，如 Orme 指出天冬氨酸的对映体可使方解石产生手性结构[35]。Hecky 等提出硅藻细胞中含羟基的氨基酸（如丝氨酸和苏氨酸）蛋白模板在 SiO_2成核生长中起立体化学互补作用[36]。Miyamot 等考察牡蛎的珍珠层结构时发现可溶性有机基质蛋白通过空间立体结构互补控制了文石晶体的形成[37]。

空间立体化学互补因素与晶格尺寸因素相互影响制约，在有两个晶面竞争生长时，其作用更为突出。欧阳健明等研究了 DPPC 单分子膜下草酸钙的取向生长，证实二者之间只有立体化学匹配时，草酸钙晶体才能受控生长[38]。

此外，有机基质的形貌通过对空间电荷分布的影响也会作用于矿化过程，如，有机基质物质表面的极性以及空间对称性等。

总的来说，有机质对无机晶体结晶的控制作用常常是各种因素协同作用的结果。另外，局域化学控制也起一定的作用。在这几种作用中，静电相互作用是必不可少的，它对于界面电荷富集和双电荷层的形成起着关键的作用，同时晶格匹配和立体化学机构互补具有空间定位和空间约束的作用，控制成核过程和晶体生长等的立体化学专一特征，因而使晶体的大小、形貌、结构都得到控制和调节。此外，分子识别时的协同作用还包括有机基质各功能基团的协同作用、识别时有机基质结构的改变，以及有机基质各功能基团之间的相互作用等，这几方面已经成为生物矿化研究的前沿。一般认为，有机基质诱导生物矿化的驱动力就是由有机－无机界面间的静电力、几何、结构和立体化学二元互补性决定。有机基质表面的作用主要是降低成核活化能，成核活化能的降低反映了有机－无机界面结构和立体化学互补性要求，而且从能量的角度上说明有机基质诱导下的晶体的生长符合能量最低原理，即在这样的环境条件下，特定晶形的出现是能量最低化的一种表现形式[39]。这一点可以从经典的晶体成核理论得到很好的解释，更进一步说明了生物体对外界的协同性和适应性。

10.2.3 常见的天然生物矿物

贝壳和珍珠

珍珠层是软体动物贝壳中普遍发育的一种结构单元，尤其在双壳类、腹足类及头足类的贝壳中最为发育，因此珍珠层是生物矿化中研究最多的典型生物矿物材料，目前仿生材料工程中许多有关的理论均来自于对珍珠层成分及结构的研究。

1. 化学组成及结构特点

贝壳的主要成分是碳酸钙，包括方解石和文石。贝壳中的珍珠层是以有机基质为基体、由文石晶片形成增强相的层状复合材料。在贝壳的形成过程中，软体动物外套膜上皮细胞分泌蛋白质，形成外套膜蛋白层，然后碳酸钙在上面沉积，由蛋白质指导晶核形成，决定晶体空间取向及晶体类型[40]。

贝壳具有高度有序的多重微层状结构，较为常见的是珍珠层结构、棱柱结构以及交叉叠片结构，这几类结构可以在一种贝壳中同时出现，也可能单独出现，其中研究最多的是珍珠层结构。

珍珠层结构与珍珠类似，为叠片累积结构，它由一些小平板状结构单元平行累积而成。这些小平板板面平行于贝壳壳面，像建筑物墙壁的砖块一样互相堆砌镶嵌，成层排列，形成整个珍珠层，平板之间为控制矿化的有机物，因此一些学者将其形象地比作“砖—灰”结构。

珍珠层最基本的结构单元是文石结晶体组成的板片，通常以六边形居多，晶片厚度为0.25～0.99 μm，片尺寸约2～10 μm，在不同种类的软体动物中，小板片的粒度变化不大[41]。填充于无机相的层与层间的有机质仅占总量的1%～5%（w/w），具有三明治式夹心结构，其中间为几丁质，外面夹着憎水的丝心蛋白质和亲水的酸性蛋白质[42]。

2. 力学性能

珍珠层在微量有机质控制下形成的高度有序的晶体复合体与一般的碳酸钙晶体相比具有无可比拟的力学性能，其强度比单一的矿物晶体高3000倍。其抗破裂能力强，抗弯强度达到了理论的强度，在人造材料中是不可能达到的，而且，还具有阻止裂隙扩展的能力[43]。

骨

骨是一族生物矿物材料的总称，是最复杂的生物矿化系统之一，也是最典型的天然有机－无机复合材料，主要发育于脊椎动物中。

1. 化学组成及结构特点

虽然每一种类型的骨的结构和组成稍微有些变化，但都有一个共同的特点，即主要成分都是由Ⅰ型胶原纤维、碳羟磷灰石（CHAp）和水三部分组成的，各组分在骨中的质量百分含量与生物体本身相关，随动物种类及年龄的不同而不同，一般情况下为65%、24%、10%左右，此外，有机相中还含有少量骨涎酸蛋白、硫酸软骨素、肽、脂类等[44]。

目前在骨中发现的矿物相主要是羟基磷灰石，常含有CO_3^{2-}、Cl^-、F^-等杂质，其中CO_3^{2-}的含量较高，故一般称为碳羟磷灰石。另外，在骨中（特别是幼年期骨中）还发现少量非晶质磷酸钙（ACP）、磷酸八钙（OCP）等磷酸钙系列矿物。

生物矿物中最常见的就是磷酸钙类，这些不同形式的磷酸钙与矿物中对应的磷酸钙基本相同。最常见的即是磷灰石类，其代表是羟基磷灰石［$Ca_{10}(PO_4)_6(OH)_2$，简称HAP］，它的OH^-被F^-取代时形成的是氟磷灰石［$Ca_{10}(PO_4)_6F_2$］。除此之外，也包括磷酸三钙（TCP）、磷酸四钙（TTCP）、磷酸八钙、二水磷酸氢钙等，主要是C、P的摩尔比，Ca^{2+}的羟基化以及PO_4^{3-}质子化的不同，它们在不同的条件下形成，能够互相转化。在生理条件37℃、pH值=7.4的条件下，羟基磷灰石OHAp是热力学稳定相。然而从过饱和溶液中最先析出的不一定是羟基磷灰石，当Ca^{2+}和PO_4^{3-}浓度较大时，特别是对各种磷酸钙固相都过饱和时，会首先生成TCP或TTCP。不过因为这些在结晶动力学上占优势的固相在热力学上不稳定，所以放置时自发地向羟基磷灰石OHAp转变，并伴随有自硬化（self- hardening）过程[45]。

骨中的羟基磷灰石是以有机基质为模板，有机模板指导过饱和溶液中难溶磷酸钙异相成核和生长，同时塑造生物矿物的结晶方式，限制结晶的大小[46]。通常认为钙化是在胶原蛋白纤维的空区中形成的，而且迫使磷灰石结晶在它的周期性空区中排列。不过真正促进磷灰石成核的不是胶原蛋白，而是与钙离子能强配位结合而又能与胶原蛋白结合的磷蛋白。作为胶原蛋白这样的骨架蛋白与矿物质间的“黏合剂层”，磷蛋白还能与骨架蛋白结合，这种结合可能是静电的相互作用，磷蛋白带负电荷，与胶原纤维表面带正电荷的部位结合[47]。

骨的主体骨架为纤维结构，其中充填了板片状的纳米碳羟磷灰石晶体。骨中的碳羟磷灰石晶体平均长度50 nm，平均宽度25 nm，晶体厚度极薄，且非常一致，一般115 nm（矿化腱）至410nm（某些成熟骨）。板状晶体位于胶原纤维的孔隙区域，排列成层，TEM研究表明板状晶体的c轴和胶原纤维的长轴呈现很好的定向平行排列，晶体a轴垂直胶原纤维的长轴。因此它可看做是无机纳米材料增强的有机－无机复合材料[48]。

Kokubo等设计使用了组成与血浆相似的模拟体液（simulated body fluid）即SBF溶液，实现了骨磷灰石的生物矿化模拟[49]。其后又有人相继设计了多种类似的过饱和钙溶液（supersaturated calcification solution，SCS），模拟了骨磷灰石的生物矿化[50]。

2. 力学性能

骨在动物中主要承担力学的功能及贮存各种各样代谢活动所需的钙和磷酸盐。由于骨骼中有机相与无机晶体间的这种巧妙组装，使得骨骼具有普通磷灰石无与伦比的强度和韧性，骨的强度比陶瓷材料高很多。

结石

泌尿系结石是在泌尿管道内形成的一种无机固体矿物质。泌尿系结石由无机矿物质和有机基质两部分组成。草酸钙 CaC_2O_4（calcium oxalate，简写为 CaOx）晶体是泌尿系草酸钙结石无机矿物质的主要组成部分，占 70% 以上[51]。在泌尿系结石形成过程中，CaC_2O_4晶体通过有机基质的作用在体内形成结石。CaC_2O_4晶体主要有三种常见的晶型：热力学稳定的单斜晶系的一水草酸钙（calcium oxalate monohydrate，COM）、亚稳态四方晶系的二水草酸钙（calcium oxalate dihydrate，COD）、热力学不稳定的三水草酸钙（calcium oxalate trihydrate，COT）。

COM 是 CaC_2O_4结石中最常见的形式。COM 晶体的（$\bar{1}01$）晶面上，钙离子呈密集分布，而（010）晶面表面草酸根离子分布较多[52]。因此，COM 晶体的（$\bar{1}01$）晶面更易与带负电荷的细胞膜或带负电荷的阴离子表面发生吸附，如果能够抑制其主晶面（$\bar{1}01$）晶面的生长或阴离子通过静电作用吸附在（$\bar{1}01$）晶面上，都会阻止 COM 晶体与细胞膜发生黏附而起到抑制结石形成的效果。

COD 在 CaC_2O_4结石中也较为常见。经研究发现，在较低的温度、较高的钙/草酸根摩尔比、较高的 pH 值和较低的相对过饱和度下，均有利于 COD 优先生长，若在上述条件下再加入柠檬酸盐等抑制剂，则可在室温下诱导 COD 形成[53]。由于 COM 和 COD 晶体的某些晶面及其电荷密度差异，细胞膜上磷脂头基组成的重复晶格与 COM 晶体的二维匹配高于 COD 晶体[54]，使得 COM 晶体与细胞膜表面的吸附能力大约比 COD 大 1.5 ~ 2 倍，因而初生的 COM 晶体易黏附在肾小管表面[55]，而 COD 则容易随尿液排出体外。

热力学不稳定的 COT 很少在尿石和尿液中存在[56]。COT 最初被发现是伴随着 COD 从新鲜尿样中结晶，但 COT 在尿石中的作用仍不清楚。有证据表明它可能是 COM 和 COD 形成的前驱体[57]。

硅石类

自然界中有很多生物可以通过生物矿化得到二氧化硅材料，如单细胞藻类、细菌、海绵原生动物和高等植物等。

在这些硅石中，蛋白质和多糖在组织矿化过程中担任重要角色。王荔军、郭满中等研究了芦荟生物矿化合成纳米针状二氧化硅，结果表明，二氧化硅沉积过程大多发生在细胞壁、细胞间隙和细胞导管内。生物矿化二氧化硅是通过分子间相互作用力，即 $Si(OH)_4$中—OH 与细胞壁上多糖羟基作用，自组装合成纳米尺寸的二氧化硅。在矿化部位，亲水表面和细胞壁多羟基体系及各种蛋白质的亲水基团，在硅蛋白酶的催化诱导下，通过一系列分子识别反应，成核并形成多种纳米硅结构体[58]。

海绵是一类典型的生物矿化合成有序硅石的生物。Jennifer N. Cha 等详细研究了海洋海绵生物 Tethya aurantia 硅石的合成及结构控制，这类海绵由针状无定型硅石即针状体构成生物体的框架，针状体通常长 2 mm，宽约 30 μm，内含与针状体长度相同的丝状硅蛋白核，其宽度只有 1 ~ 2 μm。电泳分离纯化得到 α 丝状硅蛋白，其残基能够在中性环境下水解为硅氧烷，如四乙氧基正硅烷（TEOS），并能够催化缩聚生成硅石。完整的丝状硅蛋白还能够在空间上指导微观水平硅石的组织结构。序列结构分析表明，α 硅蛋白与人类 L 组织蛋白相同序列结构占 52%，相应生物化学相同或相似的侧链残基为 75%，并且 α 硅蛋白与 L 组织蛋白有三个相似的催化活性交联点，可能有类似于 L 组织蛋白的三维空间结构。因此，基于同源蛋白酶作用机理的相似性及位点指导基因突变结果证实，硅蛋白侧链的丝氨酸和组氨酸的氢键提高了丝氨酸中氧的亲核性，可以进攻 TEOS 产生 Si—O 活性中间体，从而加速水解过程[59]。

这些硅材料结构特殊，具有很多重要性质，如催化活性、分离、黏附、存储等。

其他

（1）牙：与骨基质一样，牙齿是由纳米级的磷灰石与胶质基体复合而成，包括牙釉质和牙本质。牙釉质的主要成分为氟磷灰石（FAp），是人体内最硬的组织。牙本质中的主要矿物成分为羟基磷灰石和氟磷灰石，牙本质中含有牙齿中主要的矿化胞外基质，其主要组分为胶原蛋白和非胶原蛋白，胶原蛋白在矿化过程中起着支架作用，非胶原蛋白参与矿化的启动和调节[60]。

（2）棘皮动物：现代海洋中的海星、海胆、海百合等都属于棘皮动物，棘皮动物种类繁多。它们的身体由定数或不定数钙质骨板组成球形、梨形、心形或星形的壳体。壳体的骨板是中胚层产生的内骨骼，不同于其他无脊椎动物的外骨骼。骨骼外包表皮，皮上一般带棘刺。棘皮动物的骨架主要由含镁的方解石构成，其中含有低于 1% 的有机物质[61]。微量的有机物质控制形成的棘皮动物骨板强度和刚度兼顾，且不具脆性。

（3）氧化铁与硫化铁：目前，在软体动物、部分鱼类、蜜蜂、鸽子及人体中都发现了生物矿化成的磁铁矿[62]。较重要的是 1975 年 Blackemore 在趋磁细菌中发现了纳米级磁铁矿晶体[63]，它为研究磁铁矿的生物功能及形成过程提供了典型例子。在细菌体内，磁小体常沿细菌长轴呈链状排列。在某些特定的细胞种类中，磁小体的粒径、结晶形态及在细胞内的排列都是一致的，不同种类的细胞中则各有自己独特的特征。但有一个共同的特点是磁小体的大小均在 40～120 nm 范围内，即磁小体的大小正好在单个的磁畴范围内，这样晶体链就提供了一个足够强的永磁矩，使细菌在地磁场中取向[64]。

10.2.4　生物矿物的种类

生物矿物是生命系统参与合成的天然的生物无机矿物和生物高分子复合功能材料，表 10.1 列出了生物器官中存在的主要生物矿化材料[65]。迄今为止已发现有 60 余种不同的矿物在生物体内形成，包括无定型矿物、无机晶体和有机晶体。其中以含钙的矿物最多，它的碳酸盐、磷酸盐、硫酸盐、草酸盐、焦硫酸盐等占生物矿物总数的一半。从组成矿物的种类来看，第二主族的镁、锶、钡的无机盐，以及硅、铁的氧化物等也占相当的比重。此外，生物矿物中近三分之二含水或羟基，四分之一是胶体材料[66]。

表 10.1　生物器官中存在的主要生物矿化材料

化学式	俗名	实例	密度	硬度
$CaCO_3$	方解石	贝壳、棘皮动物刺、珊瑚、海绵刺	2.71	3
$CaCO_3$	文石	某些腕足动物。海洋生物、软体动物外壳	2.93	3.5～4
$Ca_5(OH)(PO_4)_3$	羟基磷灰石	骨、牙、皮肤的小骨、幼年软体动物骨	3.1～3.2	5
$CaMg(CO_3)_2$	白云石	棘皮动物的牙	2.85	3.5～4
$MgCO_3$	菱镁矿	海绵刺	3.01	4
$SiO_2 \cdot H_2O$	无定形水合硅	海绵刺	20～22	5.5～6.5
CaF_2	萤石	—	3.18	4
$CaSiO_3$	硅灰石	—	2.9	5
(Ca, Na) (Al, Si) $AlSiO_8$	斜长石	—	2.6～2.8	6
$Ca_2(AlSi_3O_{10})(OH)_2$	葡萄石	—	2.9	6.5
$CaAl_2Si_2O_7(OH)_2 \cdot H_2O$	硬柱石	—	3.1	8

10.2.5 生物矿化材料的优点

虽然生物矿化材料的主要无机成分，即碳酸钙、磷酸钙、氧化硅和铁氧化物，均广泛存在于自然界中，甚至有的生物矿物质（如方解石、羟基磷灰石等）从组成和结晶方式来看，与岩石圈中相应的矿物都是相同的。但是和组成相同的天然矿物相比，生物矿物由于受控于特殊的生物过程和特殊的生物环境，常常具有极高的选择性和方向性，具有同类常规材料不可比拟的优点，如极高的强度、非常好的断裂韧性、减震性能、表面光洁度，以及光、电、磁、热、声、催化活性等许多特殊的性能。这些不同寻常的性能源于在特定的生物条件下，该种材料巧妙的组装过程及其所有的精细的微观结构，这便是生物矿化的魅力。

总结起来，生物材料具有以下一些优良的特征[67]：

（1）复合特征：地球上的生物材料几乎都是无机/有机复合材料，其优良性能依靠其简单组分的复合来保证。而且生存下来的生物大多数都符合环境的要求，并成功地达到了优化水平。如骨骼是由羟基磷灰石和骨纤维构成的复合材料，不仅强度高，而且韧性好，对该特征的研究将推动对材料微观和宏观的优化设计。

（2）功能适应性：生物材料不论从形态学还是从力学的观点看，都是极其复杂的，这种复杂性是自然长期选择的结果，是由功能适应性决定的。

（3）自愈合：生物体的显著特点是具有再生机能，即受到损伤后，机体能够自行修补创伤。例如，发生骨折后，裂口附近的骨内膜和外膜开始增生和加厚，成骨细胞大量生长形成骨痂，在成骨和破骨细胞作用下将骨痂逐渐变成正常骨。

（4）合成技术：在自然环境中（±50 ℃），生物体能够合成目前人类无法合成的材料。例如，蜘蛛可在常温水溶液中，把可溶性蛋白质变成不可溶的蛋白质纤维束，而且其强度很高。在火成岩和变质岩中，磁铁矿是一种普通的矿物，是在高温高压下形成的。然而，从细菌到脊椎动物却都能在常温常压环境下合成磁铁矿和其他矿物。

（5）多功能性：生物材料的多功能性是其最普通的特征。对该机理的研究可以为多功能材料的设计提供指导和帮助，如碳酸钙有方解石、文石、球霰石等几种不同的晶型，它们可以形成不同的形状，从而在生物活动中起到不同的作用。同样是以碳酸钙为主要成分的蛋壳和贝壳以及海胆和海绵，它们的外观和价值却相距甚远。又如海胆骨针由方解石单晶组成，但又不像方解石单晶那样极易沿解理面裂开，其力学性能独特。仿生矿化的研究为进一步深入了解生物矿化的机理及合成高级复合材料提供了新的方法[68]。

10.3　生物矿化材料保护石质文物的可能性

自然界中的生物结构材料，在漫长的生物进化过程中，形成了非常独特的结构，具有优异的性能。科学家们利用各种模拟体系对生物矿化过程进行基础性研究，其目的是弄清膜和基质控制矿化的分子机理，以便制备性质优异的理想仿生合成材料。

从生物矿物的种类来看，大部分的生物矿物质（如方解石、羟基磷灰石等）从组成和结晶方式来看，与岩石圈中相应的矿物就都是相同的，但是和组成相同的天然矿物相比，却具有极高的选择性和方向性，具有常规同类材料不可比拟的优点。因此，这些和岩石成分、构造都基本相同的生物矿物的研究成果给我们一个新的启示，即可以应用仿生合成的技术合成坚硬、耐酸蚀的有机/无机复合材料来保护石质文物。其基本思路就是通过人为模拟天然生物矿化过程，在石质文物表面形成一层无机材料保护濒危石质文物、防止其继续风化腐蚀，石质文物表面生物矿化形成的天然保护材料 CaC_2O_4的发现也证明了其具有可行性[69]。

10.4　石质文物仿生防护的意义

石质文物表面保护材料草酸钙的发现引起了人们的极大关注，但真正将之用于石质文物保护的却不多。一般来讲，目前，大家还是更多的关注这层草酸钙的成因，至于合成技术则研究较少。

浙江大学文物保护化学实验室用草酸盐作前驱物，低碳有机溶剂作分散剂，在含钙石材的表面合成了草酸钙保护膜[70]。

Monte 从 Pisa 塔上采取了一些 Sporotrichum 菌株，与已灭菌处理的大理石一起放入培养液，在 28°C 下培养 8 个月后，石材的表面生成了一层橙黄色的薄膜，分析表明薄膜的成分为：66% 草酸盐、16% 方解石，以及磷酸盐和微量的硝酸盐[71]。

类似的还有 Le Métayer-Levrel 和 Perthuisot 等同样利用 *Carbonatogenic* 菌株的矿化作用对石灰石表面进行了保护[72]。

但是，上述浙江大学文物保护化学实验室化学法制备草酸钙保护膜的方法需要使化学试剂与石材基底发生化学反应，这一方面使得该方法只能在含钙岩石表面应用，另一方面也改变了石材表面的原有组成。而 Monte 和 Le Métayer-Levrel 的生物制备方法对制备条件的要求太高，时间也过长，很难在野外实际应用。

利用仿生合成技术在石质文物表面形成无机保护材料，则具有许多令人十分称奇的优点，如：具有致密有序的结构、半透明的外观、耐候性极佳、耐磨性好与基底结合牢固，甚至具有可适当调控的性能和结构。更使人们看好的是仿生合成方法与环境的友好性，以及能在生理条件下实现施工的优越性，这样保护过程就不需要太贵重的设备和苛刻的工作条件，也不需要过多地担心环境污染问题，从而为野外大型石质文物的施工带来了极大的方便，并且可大大降低防护工程的经济成本，因此在文物保护领域开展仿生合成保护技术研究具有非常诱人的前景，潜力巨大，必然成为文物保护研究的一个崭新领域，亦可为生物矿化材料应用于其他材质的保护提供理论和方法的借鉴。

仿生技术已经在生物医学材料、纳米材料、薄膜材料和多孔材料等方面获得了广泛的应用[73]。但是，目前，仿生合成或生物矿化技术在石质文物保护方面应用的报道还比较少。

参考文献

① 尹海燕. 石质文物的腐蚀机理与防护材料研究. 浙江大学硕士学位论文，2001；张秉坚，尹海燕，陈德余，等. 一种生物无机材料——石质古迹上天然草酸钙保护膜的研究. 无机材料学报，2001，16（4）：752-756.

② 张秉坚，尹海燕，沈忠悦，等. 草酸钙生物矿化膜的形成机理和化学仿制——一种新型石质文物表面防护材料的开发研究. 矿物学报，2001，21（3）：319-322.

③ Cezar T M. Calcium oxalate: A Surface Treatment for Limestone. Journal of Conservation & Museum Studies, 1998, 4. http: //palimpsest. stanford. edu/jcms /issue4/cezar. html, 2004-08-03.

④ Garty J, Kunin P, Delarea J, et al. Calcium Oxalate and Sulphate-Containing Structures on The Thallial Surface of the Lichen Ramalina Lacera: Response to Polluted Air and Simulated Acid Rain. Plant, Cell & Environment, 2002, 25 (12): 1591-1604; Torre M A, Alarcon G G, Palacios J M. In vitro Biofilm Formation by Penicillum Frequentans Strains on Sandstone, Granite, and Limestone. Applied Microbiology and Biotechnology, 1993, 40 (2-3): 408-415.

⑤ Monte M. Oxalate Film Formation on Marble Specimens Caused by Fungus. Journal of Cultural Heritage, 2003, 4 (3): 255-258.

⑥ Garcia-Valles M, Vendrell-Saz M, Molera J, et al. Interaction of Rock and Atmosphere: Patinas on Mediterranean Monuments. Environmental Geology, 1998, 36 (1-2): 137-149; Urzi C, Garcia-Valles M, Vendrell M, et al. Biomineralization Processes on Rock and Monument Surfaces Observed in Field and in Laboratory Conditions. Geomicrobiology Journal, 1999, 16 (1): 39-54.

⑦ Danin A. Weathering of Limestone in Jerlusalem by Cyanobacteria. Z Geomorph N F, 1983, 27 (4): 413-421.

⑧ Garcia-Vallès M, Vendrell-Saz M, Krumbein W E, et al. Coloured Mineral Coatings on Monument Surface as a Result of Biomineralization: The Case of the Tarragona Cathedral (Catalonia). Applied Geochemistry, 1997, 12 (3): 255-266.

⑨ Rampazzi L, Andreotti A, Bonaduce I, et al. Analytical Investigation of Calcium Oxalate Films on Marble Monuments. Talanta, 2004, 63 (4): 967-977; Martín-Gil J, Martín-Gil F J, Del Carmen Ramos-Sànchez M, et al. The Orange-Brown Patina of Salisbury Cathedral (West Orch) Surfaces: Evidence of Its Man-Made Origin. Environmental Science and Pollution Research International, 2005, 12 (5): 285-289.

⑩ Del Monte M, Sabbioni C. A Study of the Patina Called Scialbatura on Imperial Roman Marbles. Studies in Conservation, 1987, 32 (3): 114-121.

⑪ Monte M. Effect of Fungal Growth on Marble Samples: Formation of an Oxalate Deposit. In: Weber J, eds. Proceedings of the 11th workshop Eurocare-Euromarble EU 496. Vienna: Centre Kartause Mauerbach, 2001: 103-107; Salvadori O, Realini M. Characterization of Biogenic Oxalate Films. In: Realini M, Toniolo L, eds. Proceedings of II International Symposium The Oxalate Films in the Conservation of Works of Art. Milan: CNR-Centro Gino Bozza, 1996: 337-351; Urzi C, Garcia-Valles M, Vendrell M, et al. Biomineralization Processes on Rock and Monument Surfaces Observed in Field and in Laboratory Conditions. Geomicrobiology Journal, 1999, 16 (1): 39-54.

⑫ Monte M. Oxalate Film Formation on Marble Specimens Caused by Fungus. Journal of Cultural Heritage, 2003, 4 (3): 255-258.

⑬ Garcia V M, Vendrell S M, Molera J. Interaction of Rock and Atmosphere: Patinas on Mediterranean Monuments. Environmental Geology, 1998, 36 (1-2): 137-149; Monte M D, Sabbioni C, Zappia G. The Origin of Calcium Oxalate on Historical Buildings, Monuments and Natural Outcrops. The Science of the Total Environment, 1987, 67 (1): 17-39.

⑭ Maravelaki-Kalaitzaki P. Black Crusts and Patinas on Pentelic Marble from the Parthenon and Erechtheum (Acropolis, Athens): Characterization and Origin. Analytica Chimica Acta, 2005, 532 (2): 187-198.

⑮ Lin H, Sakamoto H, Seo W S, et al. Crystal Growth of Lepidocrocite and Magnetite under Langmuir Monolayers. Journal of Crystal Growth, 1998, 192 (1-2): 250-256; Nancollas G H, Wu W. Biomineralization Mechanisms: A Kinetics and Interfacial Energy Approach. Journal of Crystal Growth, 2000, 211 (1-4): 137-142; Murphy W L. Compartmental Control of Mineral Formation: Adaptation of a Biomineralization Strategy for Biomedical Use. Polyhedron, 2000, 19 (3): 357-363; Bettencourt V, Guerra A. Growth Increments and Biomineralization Process in Cephalopod Statoliths. Journal of Experimental Marine Biology and Ecology, 2000, 248 (2): 191-205; Breslow R. Biomimetic Chemistry: A Frontier at the Chemistry/Biology Interface. Chemistry & Biology, 1998, 5 (2): 27-28; Li C, Kaplan D L. Biomimetic Composites via Molecular Scale Self-Assembly and Biomineralization. Current Opinion in Solid State and Materials Science, 2003, 7 (4-5): 265-271; Davis S A, Dujardin E, Mann S. Biomolecular Inorganic Materials Chemistry. Current Opinion in Solid State and Materials Science, 2003, 7 (4-5): 273-281.

⑯ 薛中会，武超，戴树玺，等. 生物矿化研究进展. 河南大学学报，2003，33 (3)：21-25.

⑰ Calvert P. Biomineralization: Advances in Mussel Building. Nature, 1988, 334 (6184): 651-652; Heuer A H, Fink D J, Laraia V J, et al. Innovative Materials Processing Strategies: A Biomimetic Approach. Science, 1992, 255 (5048): 1098-1105; Archibald D D, Mann S. Template Mineralization of Self-Assembled Anisotropic Lipid Microstructures. Nature, 1993, 364 (6436): 430-433; Sommer A P, Pretorius A M, Olavi Kajander E, et al. Biomineralization Induced by Stressed Nanobacteria. Crystal Growth & Design, 2004, 4 (16): 45-46.

⑱ 毛传斌，李恒德，崔福斋，等. 无机材料的仿生合成. 化学进展，1998，10 (3)：246-254; Arias J L, Fernàndez M S. Biomimetic Processes through the Study of Mineralized Shells. Materials Characterization, 2003, 50 (2-3): 189-195.

⑲ Mann S. Molecular Techonics in Biomineralization and Biomimetic Materials Chemistry. Nature, 1993, 365 (7): 499-505; Mann S. Molecular Recognition in Biominerallization. Nature, 1988, 332 (10): 119-124; Addadi L, Geva M. Molecular Recognition at the Interface between Crystals and Biology: Generation, Manifestation and Detection of Chirality at Crystal Surfaces. CrystEngComm, 2003, 5 (26): 140-146; 张立娟，刘洪国，冯绪胜. 有序分子膜诱导生物功能材料仿生合成的研究进展. 化学通报，2002，65 (w50)：1-8.

⑳ 何基保，温树林. 生物矿化作用. 自然杂志，1997，19 (5)：272-276.

㉑ Liu X Y, Lim S W. Templating and Supersaturation-Driven Anti-Templating: Principles of Biomineral Architecture. Journal of the American Chemical Society, 2003, 125 (4): 888-895; Yu S H, Cölfen H, Hartmann J, et al. Biomimetic Crystallization of Calcium Carbonate Spherules with Controlled Surface Structures and Sizes by Double-Hydrophilic Block Copolymers. Advanced Functional Materials, 2002, 12 (8): 541-545; Zhan J, Tseng Y H, Chan J C C, et al. Biomimetic Formation of Hydroxyapatite Nanorods by a Single-Crystal-to-Single-Crystal Transformation. Advanced Functional Materials, 2005, 15 (12): 2005-2010.

㉒ Estroff L A, Hamilton A D. At the Interface of Organic of Composite Materials. Chemistry of Materials, 2001, 13 (10): 3227-3235; Abe Y, Kokubo T, Yamamuro T. Apatite Coating on Ceramics, Metals and Polymers Utilizing a Biological Process. Journal of Materials Science: Materials in Medicine, 1990, 1 (4): 233-238.

㉓ Mann S. On the Nature of Boundary-Organized Biomineralization (BOB) . Journal Inorganic Biochemistry, 1986, 28 (2-3): 363-371.

㉔ Xu T, Stevens J, Villa J A, et al. Block Copolymer Surface Reconstuction: A Reversible Route to Nanoporous Films. Advanced Functional Materials, 2003, 13 (9): 698-702.

㉕ McGrath K M. Probing Material Formation in the Presence of Organic and Biological Molecules. Advanced Materials, 2001, 13 (12-13): 989-992.

㉖ Lochhead M J, Letellier S R, Vogel V. Assessing the Role of Interfacial Electrostatics in Oriented Mineral Nucleation at Charged Monolayers. The Journal of Physical Chemistry B, 1997, 101 (50): 6665- 6669.

㉗ Wan Andrew C A, Hasting G W, Khor E. The Influence of Anionic Chitin Derivatives on Calcium Phosphate Crystallization. Biomaterials, 1998, 19 (14): 1309-1316; Manoli F, Dalas E. Calcium Carbonate Overgrowth on Elastin Substrate. Journal of Crystal Growth, 1999, 204 (3): 369-375.

㉘ 姚连增．晶体生长基础．合肥：中国科学技术大学出版社，1995：258-276.

㉙ Hou W T, Feng Q L. Crystal Orientation Preference and Formation Mechanism of Nacreous Layer in Mussel. Journal of Crystal Growth, 2003, 258 (3-4): 402-408.

㉚ Couchourel D, Escoflier C, Rohanizadeh R. Effect of Fibronectin on Hydroxylapatite Formation. Journal of Inorganic Biochemistry, 1999, 73 (3-4): 129-136.

㉛ Falini G, Albeck S, Weiner S, et al. Control of Aragonite or Calcite Polymorphism by Mollusk Shelf Macromolecules. Science, 1996, 273 (5271): 67-69.

㉜ Hou W T, Feng Q L. Crystal Orientation Preference and Formation Mechanism of Nacreous Layer in Mussel. Journal of Crystal Growth, 2003, 258 (3-4): 402-408; William L, Murphy, Pavid J. Bioinspired Growth of Crystalline Carbonate Apatite on Biodegradable Polymer Substrata. Journal of the American Chemical Society, 2002, 124 (9): 1910-1917.

㉝ Hunter G K. Interfacial Aspects of Biomineralization. Current Opinion in Solid State & Materials Science, 1996, 1 (3): 430-435.

㉞ Wu L Q, Ghodssi R, Elabd Y A, et al. Biomimetic Pattern Transfer. Advanced Functional Materials, 2005, 15 (2): 189-195.

㉟ Orme C A, Noy A, Wierzbicki A, et al. Formation of Chiral Morphologies through Selective Binding of Amino Acids to Calcite Surface Steps. Nature, 2001, 411 (6839): 775-779.

㊱ Hecky R E, Mopper K, Kilham P. The Amino Acid and Sugar Composition of Diatom Cell Walls. Marine Biology, 1973, 19 (4): 323-331.

㊲ Miyamoto H, Miyashita T, Okushima M, et al. A Carbonic Anhydrase from the Nacreous Layer in Oyster Pearls. Proceedings of the National Academy of Science of the United States of America, 1996, 93 (18): 9657-9660.

㊳ 曾鑫华，欧阳健明，郑文杰，等. 二棕榈磷脂酰胆碱 LB 膜诱导下草酸钙晶体生长的 SEM 研究. 暨南大学学报，2001，22（1）：70-73.

㊴ Wang Y, Yang C, Chen X, et al. Biomimetic Formation of Hydroxyapatite/Collagen Matrix Composite. Advanced Engineering Materials, 2006, 8 (1-2): 97-100；王荔军，李敏，李铁津，等. 植物体内的纳米结构 SiO_2. 科学通讯，2001，46（8）：625-632.

㊵ Arias J L, Fernández M S. Biomimetic Processes through the Study of Mineralized Shells. Materials Characterization, 2003, 50 (2-3): 189-195; Krampitz G, Graser G. Molecular Mechanisms of Biomineralization in the Formation of Calcified Shells. Angewandte Chemie International Edition in English, 1988, 27 (9): 1145-1156.

㊶ Meldrum F C, Wade V J, Nimmo D L, et al. Synthesis of Inorganic Nanophase Materials in Supramolecular Protein Cages. Nature, 1991, 349 (6311): 684-687; Heywood B R, Mann S. Molecular Construction of Oriented Inorganic Materials: Controlled Nucleation of Calcite and Aragonite under Compressed Langmuir Monolayers. Chemistry of Materials, 1994, 6 (3): 311-318; Mann S, Heywood B R, Rajam S, et al. Structural and Stereochemical Relationshis between Langmuirmono Layers and Calcium Carbonate Nucleation. Journal of Physics D: Applied Physics, 1991, 24 (2): 154-164.

㊷ Bunker B C, Rieke P C, Tarasevich B J, et al. Ceramic Thin-Film Formation on Functionalized Interface through Biomimetic Processing. Science, 1994, 264 (1): 48-55.

㊸ Smith B L, Schäffer T, Viani M, et al. Molecular Mechanistic Origin of Toughness of Natural Adhensives, Fibres and Composites. Nature, 1999, 399 (6738): 761-763; Waite J H, Qin X X, Coyne K J. The Peculiar Collagens of Mussel Byssus. Matrix Biology: Journal of the International Society for Matrix Biology, 1998, 17 (2): 93-106; Currey J D. Mechanical Properties of Mother of Pearl in Tension. Proceedings of the Royal Society of London. Series B, Biological Sciences, 1977, 196 (1125): 443-463; Jackson A P, Vincent J F, Turner R M. The Mechanical Design of Nacre. Proceedings of the Royal Society of London. Series B, Biological Sciences, 1988, 234 (1277):

415-440.

㊹ Jackson A P, Vincent J F V. Comparison of Nacre with Other Ceramic Composites. Journal of Materials Science, 1990, 25 (7): 3173-3178.

㊺ Sugawara A, Fujikawa K, Kusama K, et al. Histopathologic Reaction of a Calcium Phosphate Cement for Alveolar Ridge Augmentation. Journal of Biomedical Materials Research, 2002, 61 (1): 47-52.

㊻ Ma C L, Lu H B, Wang R Z, et al. Comparison of Controlled Crystallization of Calcium Phosphates under Three Kinds of Monolayers. Journal of Crystal Growth, 1997, 173 (1-2): 141-149; Rodríguez-Lorenzo L M, Vallet-Regí M. Controlled Crystallization of Calcium Phosphate Apatites. Chemistry of Materials, 2000, 12 (8): 2460-2465; Kikuchi M, Itoh S, Ichinose S, et al. Self-Organization Mechanism in a Bone-Like Hydroxyapatite/Collagen Nanocomposite Synthesized in Vitro and its Biological Reaction in Vivo. Biomaterials, 2001, 22 (13): 1705-1711.

㊼ Du C, Cui F Z, Zhu X D, et al. Three-Dimensional Nano-Hap/Collagen Matrix Loading with Osteogenic Cells in Organ Culture. Journal of Biomedical Materials Research, 1999, 44 (4): 407-415; Du C, Cui F Z, Feng Q L, et al. Tissue Response to Nano-Hydroxyapatite/Collagen Composite Implants in Marrow Cavity. Journal of Biomedical Materials Research, 1998, 42 (4): 540-548; Borsato K S, Sasaki N. Measurement of Partition of Stress between Mineral and Collagen Phases in Bone using X-Ray Diffraction Techniques. Journal of Biomechanics, 1997, 30 (9): 955-957; Walsh W R, Guzelsu N. Compressive Properties of Cortical Bone: Mineral-Organic Interfacial Bonding. Biomaterials, 1994, 15 (2): 137-145; Mammone J F, Hudson S M. Micromechanics of Bone Strength and Fracture. Journal of Biomechanics, 1993, 26 (4-5): 439-446; Cornell C N, Lane J M, Chapman M, et al. Multicenter Trial of Collagraft as Bone Graft Substitute. J Orthop Trauma, 1991, 5 (1): 1-8.

㊽ Weiner S, Wagner H D. Thematerial Bone: Structure Mechanical Function Relations. Annual Review of Materials Science, 1998, 28: 271-298; Stock U A, Vacanti J P. Tissue Engineering: Current State and Prospects. Annual Review Medicine, 2001, 52: 443-451.

㊾ Otsuk M, Sawada M, Matsuda Y, et al. Antibiotic Delivery System using Bioactive Bone Cement Consisting of Bis-GMA/TEGDMA Resin And Bioactive Glass Ceramics. Biomaterials, 1997, 18 (23): 1559-1564.

㊿ Barrere F, van Blitterswijk C A, de Groot K, et al. Influence of Ionic Strength and Carbonate on the Ca-P Coating Formation from SBF × 5 Solution. Biomaterials, 2002, 23 (9): 1921-1930; Barrere F, van Blitterswijk C, de Groot K, et al. Nucleation of Biomimetic Ca-P Coatings on Ti6A14V from a Sbfx5 Solution: Influence of Magnesium. Biomaterials, 2002, 23 (10): 2211-2220; Fu Q, Zhou N, Huang W, et al. Preparation and Characterization of a Novel Bioactive Bone Cement: Glass Based Nanoscale Hydroxyapatite Bone Cement. Journal of Materials Science: Materials in Medicine,

2004, 15 (12): 1333-1338; Fu Q, Zhou N, Huang W, et al. Effects of Nano HAP on Biological and Structural Properties of Glass Bone Cement. Journal of Biomedical Materials Research - Part A, 2005, 74 (2): 156-163.

51 欧阳健明. 草酸钙结石研究中的化学基础. 化学学报, 2002, 65 (5): 326-332.

52 Tunik L, Fueredi-Milhofer H, Garti N. Adsorption of Sodium Diisooctyl Sulfosuccinate onto Calcium Oxalate Crystals. Langmuir, 1998, 14 (12): 3351-3355.

53 Jung T, Kim W S, Choi C K. Biomineralization of Calcium Oxalate for Controlling Crystal Structure and Morphology. Materials Science & Engineering C, 2004, 24 (1-2): 31-33; Bretherton T, Rodgers A. Crystallization of Calcium Oxalate in Minimally Diluted Urine. Journal of Crystal Growth, 1998, 192 (3-4): 448-455.

54 欧阳健明, 姚秀琼, 苏泽轩, 等. 草酸钙结石的体外模拟. 中国科学 (B 辑), 2003, 33 (1):14-20; Ouyang J M, Duan L, Tieke B. Effect of Carboxylic Acids on the Crystal Growth of Calcium Oxalate Nanoparticles in Lecithin-Water Liposome Systems. Langmuir, 2003, 19 (21): 8980-8985.

55 Ouyang J M, Duan L, He J H, et al. Crystallization of Calcium Oxalate in Liposome Solutions of Different Carboxylates. Chemistry Letters, 2003, 32 (3): 268-269; Wesson A J, Worcester M E, Wiessner J H, et al. Control of Calcium Oxalate Crystal Structure and Cell Adherence by Urinary Macromolecules. Kidney International, 1998, 53 (4): 952-957.

56 Zhang D, Qi L, Ma J, et al. Morphological Control of Calcium Oxalate Dihydrate by a Double-Hydrophilic Block Copolymer. Chemistry of Materials, 2002, 14 (6): 2450-2457.

57 Bretherton T, Rodgers A. Crystallization of Calcium Oxalate in Minimally Diluted Urine. Journal of Crystal Growth, 1998, 192 (3-4): 448-455.

58 郭中满, 王荔军, 陈霞, 等. 生物矿化合成纳米针状 SiO_2. 高等学校化学学报, 2000, 21(6):847-848; 王荔军, 李铁津. 生物矿化纳米结构材料与植物硅营养. 化学进展, 1999, 11 (2): 119-128.

59 Su X, Belcher A M, Zaremba C M, et al. Structural and Microstructural Characterization of the Growth Lines and Prismatic Microarchitecture in Red Abalone Shell and the Microstructures of Abalone Flat Pearls. Chemistry of Materials, 2002, 14 (7): 3106-3117.

60 欧阳健明, 陈德志, 李祥平. 生物矿化在仿生材料领域的研究进展. 材料导报, 2004, 18 (12): 62-66.

61 Berman A, Addadi L, Weiner S. Interaction of Sea-Orchin Skeleton Macromolecules with Growing Calcite Crystals—A Study of Intracrystalline Proteins. Nature, 1988, 331 (6156): 546-548.

62 Frankel R B, Blackemore R P. Magnetite and Magnetotaxis in Microorganesms. Bioelectromagnetics, 1989, 10 (3): 223-237; 欧阳健明, 吴秀梅. 生物体内铁和硅的生物矿化及其研究进展. 化学世界, 2005, 46 (6): 371-375.

⑥③ Blackemore R P. Magnetotactic Bacteria. Science, 1975, 190 (4212): 377-379.

⑥④ Devouard B, Pósfai M, Hua X, et al. Magnetite from Magnetotactic Bacteria: Size Distributions and Twinning. American Mineralogist, 1998, 83 (11-12): 1387-1398.

⑥⑤ 崔福斋，冯庆玲．生物材料学．第二版．北京：清华大学出版社，2004：98.

⑥⑥ Lowenstam H A. Minerals formed by Organisms. Science, 1981, 211 (4487): 1126-1131; Sarikaya M. Biomimetics: Materials Fabrication through Biology. Proceedings of the National Academy of Science of the United States of America, 1999, 96 (25): 14183-14185.

⑥⑦ 王玉庆，周本濂，师昌绪．仿生材料学——一门新型的交叉学科．材料导报，1995，4: 1-4.

⑥⑧ Aksay I A, Trau M, Manne S, et al. Biominetic Pathways for Assembling Inorganic Thin Films. Science, 1996, 273 (16): 892-898; Samuel I, Stupp Paul V, Braun. Molecular Manipulation of Microstructures: Biomaterials Ceramics and Semiconductors. Science, 1997, 277 (29): 1242-1248; Zhao X K, Yang J, McCormick L D, et al. Epitaxial Formation of PbS Crystals under Arachidic Acid Monolayers. The Journal of Physical Chemistry, 1992, 96 (24): 9933-9939.

⑥⑨ 李火明，张秉坚，刘强．一类潜在的石质文物表面防护材料：仿生无机材料．文物保护与考古科技，2005，17 (1): 59-64.

⑦⓪ Liu Q, Zhang B J, et al. A Crude Protective Film on Historic Stones and its Artificial Preparation through Biomimetic Synthesis. Applied Surface Science, 2006, 253 (5): 2625-2632.

⑦① Monte M. Oxalate Film Formation on Marble Specimens Caused by Fungus. Journal of Cultural Heritage, 2003, 4 (3): 255-258.

⑦② Le Métayer-Levrel G, Castanier S, Orial G, et al. Applications of Bacterial Carbonatogenesis to the Protection and Regeneration of Limestones in Buildings and Historic Patrimony. Sedimentary Geology, 1999, 126 (1): 25-34.

⑦③ Kim H W, Song J H, Kim H E. Nanofiber Generation of Gelatin-Hydroxyapatite Biomimetics for Guided Tissue Regeneration. Advanced Functional Materials, 2005, 15 (12): 1988-1994; Rivers T J, Hudson T W, Schmidt C E. Synthesis of a Novel, Biodegradable Electrically Conducting Polymer for Biomedical Applications. Advanced Functional Materials, 2002, 12 (1): 33-37; Sumper M, Brunner E. Learning from Diatoms: Nature's Tools for the Production of Nanostructured Silica. Advanced Functional Materials, 2006, 16 (1): 17-26; 付丽红，程惊秋，来国莉．明胶基质作用下碳酸钙的仿生合成．化学学报，2005，63 (17): 1626-1632; 付玉彬，张立德，郑纪勇．分子自组装脂类微管的螺旋带特征分析．化学学报，2004，62 (9): 911-915; 柳华杰，吴庆生，丁亚平，等．载体乳化液膜法同步进行亚稳相 $PbCrO_4$ 纳米粒子的仿生合成与铅铬废水的处理．化学学报，2004，62 (10): 946-950.

第十一章　石质文物天然防护层的仿生模拟合成

许多濒危石质文物亟需进行保护处理。但是，调查表明已经使用过的表面防护材料很难令人满意，探索新的石质文物表面防护材料已是当务之急。

石质文物表面天然生物矿化材料草酸钙的发现为开发与石质文物化学物理性质兼容的新型文物表面防护材料提供了一种崭新的思路，即可以以石质文物表面天然生成的生物矿化膜——CaC_2O_4为仿生合成目标，依据生物矿化的原理，以生物体内常见的生物大分子作为有机模板，亚稳态的草酸钙过饱和溶液作为无机前驱物，室温下在大理岩石材表面仿生合成了主要成分为一水草酸钙 $CaC_2O_4 \cdot H_2O$（calcium oxalate monohydrate，COM）的无机表面防护材料。该法为开拓新的石质文物表面防护材料提供了思路，为探索石质文物其他保护材料的仿生合成提供了方法上的启示。

11.1　COM 的仿生合成

仿生合成技术（biomimetic synthesis）是一种崭新的无机材料合成技术。20 世纪 90 年代中期，当科学家们注意到生物矿化进程中分子识别、分子自组装和复制构成了五彩缤纷的自然界，并开始有意识地利用这一自然原理指导特殊材料的合成时，仿生合成的概念才被提出。无机材料的仿生合成，实质上是模拟生物矿化的过程①，所以，生物矿化的研究为进一步深入了解生物矿化的机理及合成高级复合材料提供了新的方法②。

与“生物矿化过程的四个阶段”相对应类似，Arias 和 Fendler 等提出仿生矿化一般要经历四个阶段：①底物制备；②晶体在表面或骨架上成核；③晶体结晶生长；④矿化停止。即人工制备生物无机材料可先形成有机物的模板以提供无机物成核与生长的场所，并利用无机物与有机物的两相界面维持生长过程，即可形成有机无机复合物，若除去有机模板后即得到有序的无机材料[3]。

生物矿化过程的最显著特征就是这个过程受控于有机大分子基质。有机大分子基质有规则的预组装为无机生物矿化提供了一个结构上的框架，并在此基础上，通过界面分子识别与无机晶体离子相互作用，直接参与控制无机矿物的成核、生长、晶型、取向及形貌等。

与此一致，欲在石质文物表面仿生合成无机保护材料的关键就是通过表面修饰形成特殊官能团和薄层，以调节材料在表面的成核与生长，即促进基质表面的异相成核，而抑制本体溶液的均相成核。

按照均相成核理论，成核过程自由能变 ΔG 与溶液过饱和度 S 、温度 T 、溶液 - 晶粒表面能 σ 和晶粒面积 A 有关[4]：

$$\Delta G = -RT\ln S + \sigma A \tag{11.1}$$

R 为理想气体常数，如果同时考虑异相成核，则自由能变为：

$$\Delta G = -RT\ln S + \sigma_{cl}A_{cl} + (\sigma_{cs} - \sigma_{sl})A_{cs} \tag{11.2}$$

下标 c、s 和 l 分别代表晶粒、基质和溶液。如果降低晶粒 - 基质间的界面能，使之低于晶粒 - 溶液间的界面能，即：

$$(\sigma_{cs} - \sigma_{sl})A_{cs} \leqslant \sigma_{cl}A_{cl} \tag{11.3}$$

则利于异相成核。晶核形成的诱导时间（τ）为：

$$\ln(1/\tau) = \ln B - (16\pi\sigma^3 v^2)/3(kT)^3(\ln S)^2 \tag{11.4}$$

最终形成的晶核总数（N）为：

$$\ln N = \ln P - Q\beta\sigma^3 v^2/(kT)^3(\ln S)^2 \tag{11.5}$$

晶核的生长速度（$\mathrm{d}\tau/\mathrm{d}t$）为：

$$\mathrm{d}\tau/\mathrm{d}t = K(S-1)^n \tag{11.6}$$

这里，K 、B 、P 、Q 、β 和 n 都是常数，k 是玻尔兹曼常数，v 是沉淀相的分子体积。

因此，在无机仿生合成技术中模板起到举足轻重的地位，模板的千变万化是制备结构、性能迥异的无机材料的前提[5]。用做模板的物质可以是生物大分子和生物中的有机质，也可以是表面活性剂，它们在溶液中形成胶束、微乳、液晶和囊泡等自组装体，此外也可利用光电技术来制造模板[6]。

Bunker 等将在基质表面通过异相成核仿生合成薄膜材料的一般步骤总结为：①意欲成膜的基质表面功能化；②过饱和溶液中的无机离子在功能化的

基质表面异相成核，并生长成膜[7]。

考虑到在石质文物表面实施的可行性，我们在实验中采用天然生物大分子作为有机模板，如硫酸软骨素、胶原蛋白和磷脂等，这类物质一般都含有O、N、S 、P 的亲水头基，可以促进无机成矿离子在异质表面的成核生长。成矿离子选择常见的构成岩石的钙离子及对应的阴离子（如草酸根、磷酸根和碳酸根等），仿生合成出各种钙化合物的石质文物保护材料。

根据仿生合成的原理，在石材表面仿生合成无机防护材料的关键是抑制成矿离子在前驱液本体中的均相成核，而促进成矿离子在石材表面异相成核。如果晶粒 - 基质间的界面能低于晶粒 - 溶液间的界面能，就利于异相成核[8]。可以通过使石材表面清洁及功能化、降低晶核和成膜材料界面间的自由能，使之小于晶核与溶液界面间的自由能来实现，例如，选用乙醇为表面清洁剂，硫酸软骨素溶液为有机模板，依次对实验用石材进行表面处理。具体步骤为：

（1）将汉白玉大理石块用清水洗去浮尘，为了清洁基体表面并提高其表面能，使用低碳有机醇类浸泡 18 h，干燥后待用。

（2）配制草酸钙的亚稳过饱和溶液。预先分别配制一定浓度的 $CaCl_2$ 溶液和 $K_2C_2O_4$ 溶液。取 $CaCl_2$ 溶液少许缓缓滴入一定量的蒸馏水中，然后边搅拌边缓慢地滴入适量的 $K_2C_2O_4$ 溶液。最终溶液中的离子浓度依据 CaC_2O_4 晶体的溶度积 K_{sp} 控制，过滤除去不良结晶中心，备用。

（3）配制有机模板溶液，即用硫酸软骨素与去离子水配制成所需浓度的两亲功能性预处理溶液。

（4）取清洁的石材基片，喷淋有机模板溶液，自然流淌，在石材表面自然成膜，使石材基体得到活化改性和表面功能化；再喷淋预先配制好的草酸钙亚稳过饱和溶液，即可得到结晶颗粒细密，与基底石面结合牢固，不影响原汉白玉大理石颜色、手感和光泽度的无机防护膜。

重复以上操作，草酸钙薄膜越来越厚。

石材样品在整个仿生合成过程中不同阶段表面能的变化如图 11.1 所示。由图 11.1 可以看出：石材空白样品经有机溶剂乙醇清洗后，表面能有所提高，这有利于有机模板在其上的吸附。再用有机模板溶液改性处理后，石材的表面能进一步提高，达到最大值。

按照仿生合成原理的讨论，固 - 液间界面能 σ_{sl} 值增大时，式（11.3）左边将变小。由式（11.2）可知，此时，无机矿化物在基底表面异相成核的自

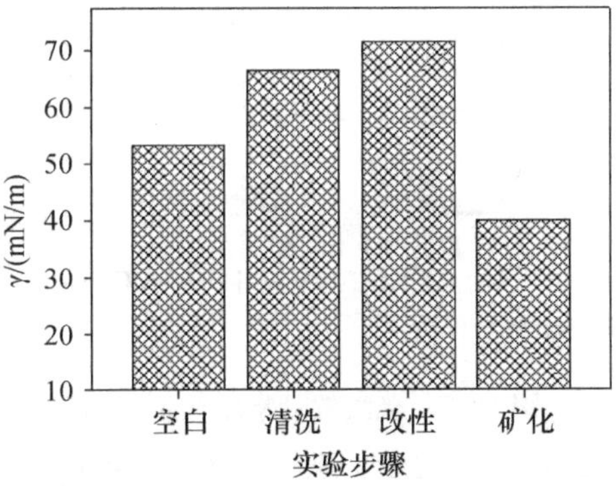

图 11.1 仿生合成过程中石材表面能的变化

清洗：乙醇清洁石材；改性：硫酸软骨素溶液活化处理石材表面；矿化：COM 矿化完成

由能变大，这对成矿离子在基底表面自发成核，再构晶、沉淀成膜是有利的。

以生物体内常见的生物粘多糖——硫酸软骨素作为有机模板为例，其结构示意图如图 11.2 所示，其分子中含有带负电荷的活性基团磺酸基—SO_3H 和羧基—COOH。一水草酸钙 $CaC_2O_4 \cdot H_2O$ 是 CaC_2O_4 晶体中最常见的形式。COM 晶体的（$\bar{1}01$）晶面上，钙离子密集分布，而（010）晶面表面草酸根离子分布较多[9]。因此，COM 晶体的（$\bar{1}01$）晶面更易与带负电荷的阴离子表面发生吸附。有机模板硫酸软骨素溶液在石材表面成膜，并使之功能活化后，无机前驱溶液中的钙离子和石材表面负电的活性基团形成一种螯合配位结构。这样，石材表面附近钙离子的浓度远高于溶液体相中的钙离子浓度，这部分钙离子吸附周围的草酸根阴离子，使石材表面附近优先形成能够成核的局部过浓的饱和度，草酸钙晶体就在石材表面控制生成了。重复操作，石材表面的矿物晶体越聚越多，仿生合成的示意图如图 11.3 所示。

最后，当石材表面形成 $CaC_2O_4 \cdot H_2O$ 矿化防护层后，其表面能明显下降，达到整个仿生合成过程的最低值，反映了此时石材表层结构的稳定性。

图 11.4 是生长不同草酸钙薄膜层数的石材表面 AFM 图，可以看出，随薄膜层数的增加，越来越多的草酸钙晶体逐渐覆盖了石材的表面，从不规则到越来越平整。

图 11.5 为经 COM 仿生防护处理后石材样品的 XRD 图谱，$CaC_2O_4 \cdot H_2O$ 的系列特征峰（2θ = 11.09，14.44，20.45，22.85，24.86，29.16，32.36，

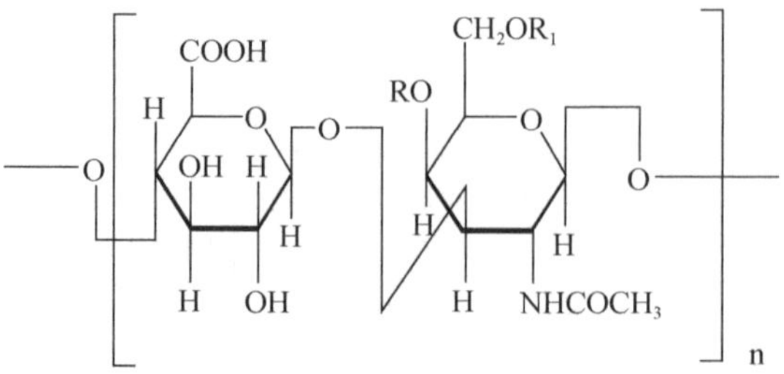

图 11.2 硫酸软骨素结构示意图

硫酸软骨素 A：$R = SO_3H$，$R_1 = H$；硫酸软骨素 C：$R_1 = SO_3H$，$R = H$

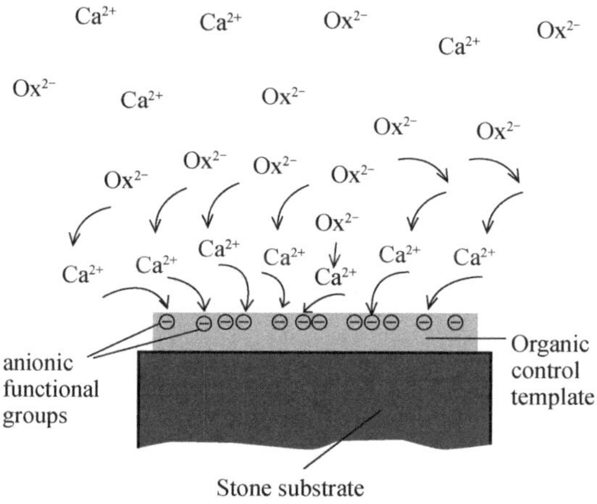

图 11.3 石材表面草酸钙薄膜生长示意图

37.45，38.57，46.78，48.37，77.54，80.67，etc.）的出现表明石材的表面已经被防护材料所覆盖，防护材料的主要成分为 $CaC_2O_4 \cdot H_2O$。此外，XRD 图谱还出现有方解石的系列特征峰（2θ = 29.40，43.16，37.60，47.50，57.40，61.37，etc.），这是石材基底的衍射峰，表明 $CaC_2O_4 \cdot H_2O$ 的防护层较薄。

图 11.6 是经 COM 仿生防护处理后石材样品的 SEM 图，可以看到，未处理的空白石材表面粗糙，不规则，凹凸不平。而处理后的石材表面有一层鳞片状的薄膜物质，而且密实、规则、平整，上面还有小于 100 nm 的微孔。

由生物矿化材料的讨论可知，生物矿化都是在有机基质参与下进行的。有机基质界面的活性位点从组成、结构、形态三方面决定矿化过程按时序有组织地生长，在每一个位置，分子和分子团的相互作用具有多方面的高度适

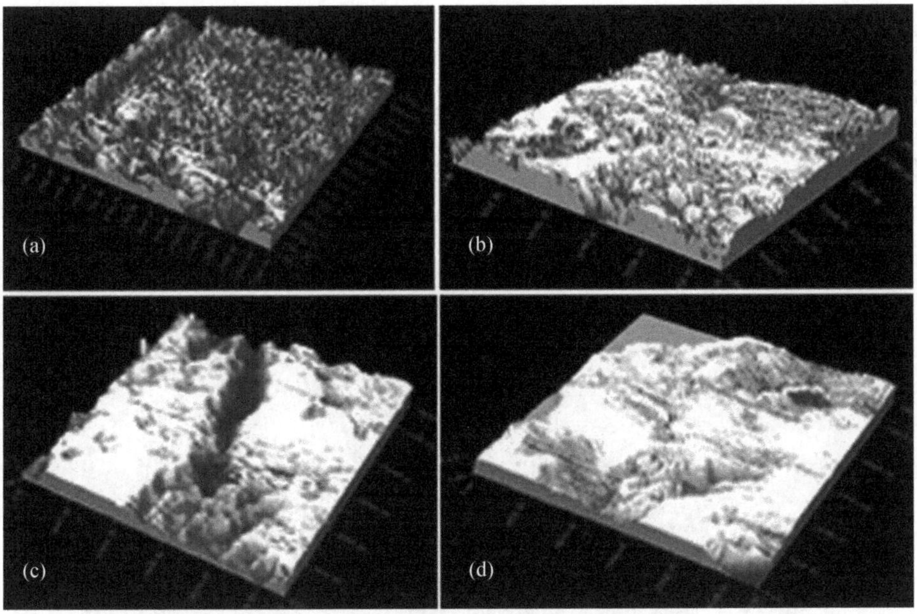

图 11.4 石材表面 COM 膜 AFM 图

(a) 空白；(b) 3 层膜；(c) 6 层膜；(d) 9 层膜

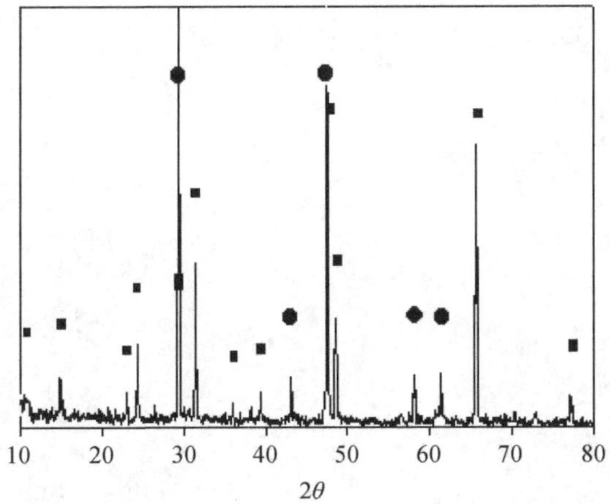

图 11.5 经 COM 仿生防护处理的石材样品 XRD 图谱

■—COM；●—方解石

应性。Whipps 等研究了在一系列磷脂和花生酸单分子膜诱导下 COM 晶体的成核和生长[10]。这些磷脂包括：二棕榈酰磷脂酰甘油酯（DPPC）、二棕榈酰磷脂酰丝氨酸（DPPS）和二棕榈酰磷脂酰胆碱（DPPC）等。在上述各种单分子膜的诱导下，90%的COM晶体以（$\bar{1}01$）晶面面向膜/液界面定向生长。Letellier等研究了在不同磷脂单分子膜诱导下，CaC_2O_4晶体在其过饱和溶液的膜/液界面的有序生长过程[11]。在两性的DPPC单分子膜诱导下，形成的COM晶体具有特定的形态：COM晶体的（$\bar{1}01$）晶面优先与DPPC单分子膜的平面平行伸展。

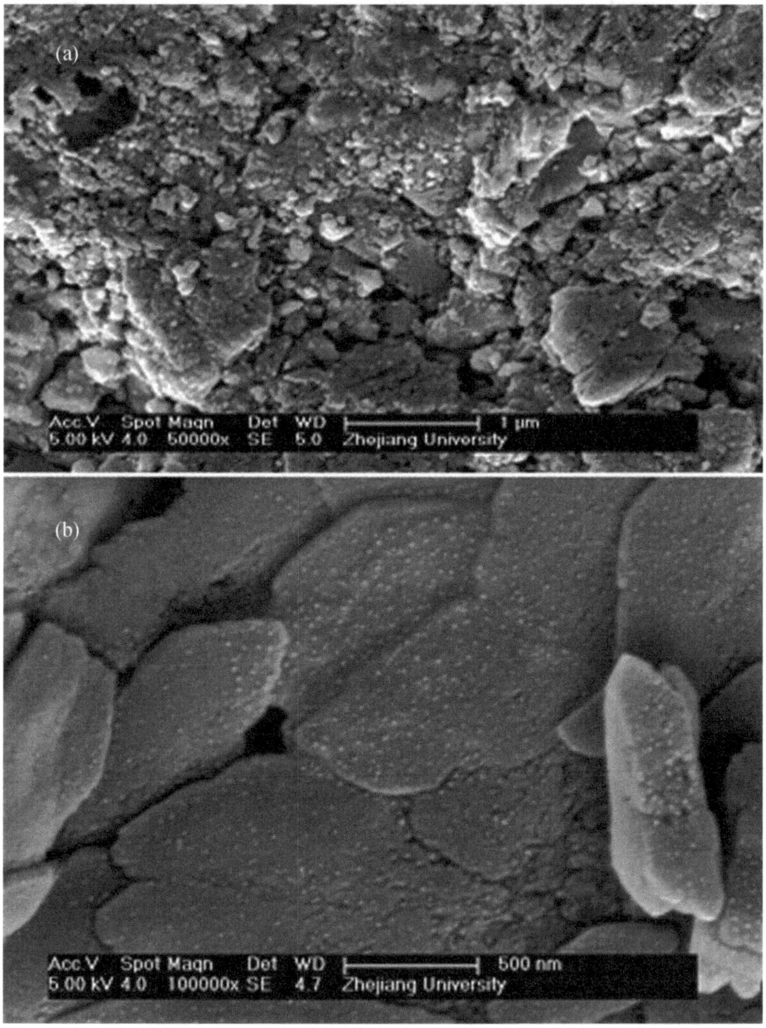

图11.6 石材样品的SEM图

（a）空白石材；（b）经COM仿生防护处理的石材

Addadi 等在对西红柿和烟草植物中形成的 CaC_2O_4 晶体进行研究时发现，由于植物中的有机大分子的影响，使得植物中的 COM 晶体更多表现出拉长的六边形（$\bar{1}01$）晶面，而且晶体沿着富钙离子的（$\bar{1}01$）晶面二维生长，促使 COM 晶体在长度方向生长更快，而在宽度和厚度上生长更慢。在 C_4S—H_2O 体系中，受生物大分子 C_4S 长链的影响，形成了（$\bar{1}01$）晶面占优势的拉长的六边形 COM 晶体[12]。Shirane 等用 FTIR 和 X 射线微量分析均没有发现 CaC_2O_4 晶体中含有 C_4S，说明 C_4S 并不嵌入在 CaC_2O_4 晶体中，而是在体系中，通过分子表面的功能基团调控晶面的生长，达到对晶面生长的控制作用效果[13]。

欧阳健明等用体外模拟方法研究了硫酸软骨素 A 对草酸钙晶体矿化热力学的影响，并对纯水体系和 C_4S—H_2O 体系中形成的草酸钙晶体进行了物相分析与形貌观察[14]。发现 C_4S 不但在热力学过程中有利于提高溶液中 Ca^{2+} 存在的浓度，而且能诱导 COM 晶体的（$\bar{1}01$）晶面优先生长，并抑制 COM 的二维生长和聚集。

当 COM 在硫酸软骨素分子膜诱导下生长时，CS 分子膜一方面能够为 COM 晶体生长提供模板，另一方面有可能排列成与晶体初始成核晶面相匹配的分子矩阵，从而导致对晶体特殊的取向生长具有高度选择性，甚至对某一种晶体形态具有选择性[15]。

COM 晶体属于单斜晶系，空间点群为 $P2_{1/n}$，晶胞参数 a = 9.976Å，b = 7.294 Å，c = 6.291Å，$\alpha = \gamma = 90.00°$，$\beta = 107.0°$。在 COM 晶体的（$\bar{1}01$）晶面上，钙离子密集分布[16]。CS 分子膜中含有磺酸基—SO_3H 和羧基—COOH 基团，带负电荷，因此 CS 能够与富集 Ca^{2+} 的（$\bar{1}01$）晶面通过两者之间的静电作用而稳定此晶面。相反，（010）晶面上 Ca^{2+} 离子和 $C_2O_4^{2-}$ 离子交替排列，$C_2O_4^{2-}$ 离子平躺在（010）晶面上，方向与晶面垂直，晶面呈中性，晶面受模板分子官能基团的影响较弱。

另一方面，CS 是一种线性多聚糖聚阴离子，每个单元都含有一个带负电荷的羧基—COOH 基团和一个负电荷的磺酸基—SO_3H 基团[17]，如图 11.2 所示。研究 CS 对 COM 晶体形态影响的结果可知，CS 与晶体晶面间的结合是有一定规律的[18]。结合的位点，或是生长位点主要发生在晶面上钙的位置，这是因为带正电荷的 Ca^{2+} 能够与 CS 链中带负电的羧基—COOH 和磺酸基—SO_3H 相结合。实际上，Ca^{2+} 能够与 CS 和其他种类的硫酸软骨素的极性基团发生反应而生成相应的钙盐。

因此，在 CS 存在下，CS 模板分子膜诱导生成的 COM 晶体的富 Ca^{2+} $(\bar{1}01)$ 晶面因受阴离子多聚糖 CS 的负电荷的羧基—COOH 基团和一个负电荷的磺酸基—SO_3H 基团两者的影响，从而使得 COM 晶体的 $(\bar{1}01)$ 晶面被双倍加强，而（010）晶面相反被减弱。随着 CS 的浓度进一步增大，对 COM 晶体 $(\bar{1}01)$ 晶面的作用进一步得到加强，相反对（010）晶面的作用却变得越来越弱，导致晶体由三维的六边形晶体变成了准二维的拉长六边形的薄片晶体，如图 11.7 所示。

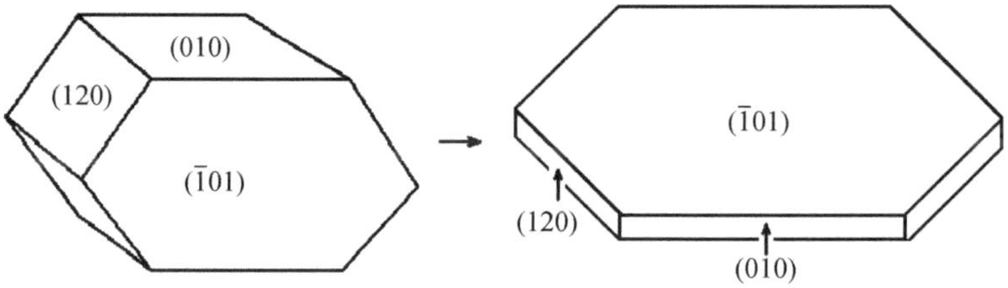

图 11.7　COM 晶体形态变化示意图[19]

图 11.8 是经 COM 仿生防护处理后石材样品的 AFM 图，成像模式为接触式成像，扫描范围为 24 μm × 24 μm，像素为 440 × 440。扫描样品 10 mm × 10 mm × 1 mm，切割自仿生防护处理的石材。切割过程中，为了保护刀具和切割的顺利进行，边切割，边流水冲洗。

由 AFM 图可以看出，石材基底已经被厚约 100 nm 以上的防护材料所覆盖，防护材料呈现岛状。经过刀具切割、流水冲洗和探针扫描，防护材料仍能良好地附着在基底上，这表明防护层和基底的良好附着力。但是也有部分基底未被覆盖，这一区域原来可能同样被防护材料覆盖，但是在制样的过程中，由于外力的作用被剥落掉，或者是薄膜生长过程中形成的表面缺陷，若如此，则通过制备条件的改善就可消除。

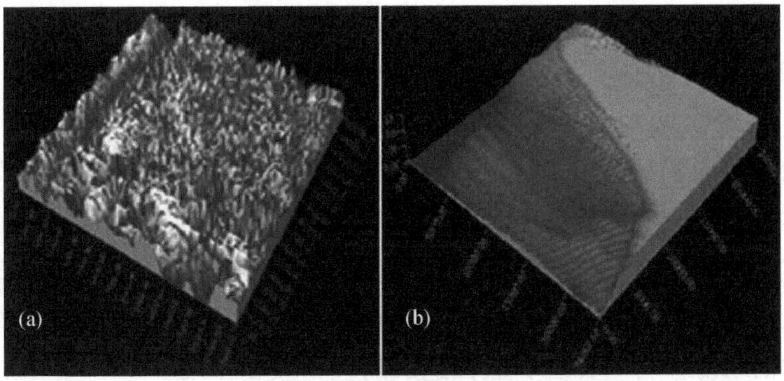

图 11.8　石材样品的 AFM 图
(a) 空白石材；(b) 经 COM 仿生防护处理的石材

11.2　COM 仿生防护材料的性能

由化学手册可知（见表 11.1），相比碳酸钙，COM 的溶解度要低得多。尤其是由于草酸的解离常数比碳酸要低近两个数量级，所以在酸性环境下，COM 的溶解度更远低于碳酸钙。同时，加上有机模板的调控作用，碳酸钙结晶颗粒细密，与碳酸钙岩石基底兼容性良好，不易被各种应力破坏，因此这种草酸钙防护膜能够较好地防护石质文物。

表 11.1　$CaCO_3$和 COM 的物理化学性质比较[20]

	碳酸钙 $CaCO_3$	草酸钙 $CaC_2O_4 \cdot H_2O$
溶解度 (298 K)/(g/100gH_2O)	1.4×10^{-3}	6.8×10^{-4}
溶度积常数 K_{ap} (298 K)	3.36×10^{-9}	2.32×10^{-9}
对应弱酸的解离常数	4.2×10^{-7}	5.9×10^{-2}
K_a (298 K)	5.6×10^{-11}	6.4×10^{-5}
相对密度	2.60～2.95	2.23～2.58
摩氏硬度	2.5～3	2.5～3
结晶形式	斜方或六方	单斜

11.2.1 憎水效果

接触角的测量数据表明，经 COM 仿生防护处理的石材样品和未处理的空白石材样品的憎水性能明显不同。未处理的空白石材其对水的接触角为 25 ± 5°，而防护处理过的石材接触角增大为 60 ± 5°。经 COM 仿生防护处理后，石材的接触角有一定程度的提高，但仍然维持其亲水的特性，避免或减小了以往有机物憎水防护材料在岩石表面造成的应力破坏作用。

11.2.2 防污效果

经 COM 仿生防护处理的石材的耐污性测试表明其耐污能力达到Ⅱ级，这是由于：①表面憎水性能的提高使耐污性相应地得到提高；②在石材基底的表面形成了一层致密的 COM 结晶薄膜，石材表面的微孔被填充堵塞，降低了石材的孔隙率，相应提高了石材的耐污性能。

11.2.3 防酸效果

仿生制备的防护材料的主要成分是 COM，由于草酸的解离常数比碳酸要低近两个数量级，因此，防护处理后石材的耐酸性能得到改善。实验测得其耐酸性为 0.8，即在其表面滴 pH 值为 0.8 的酸性溶液，放置 2 min 无气泡产生；而在空白石材的表面滴相同 pH 值的酸液，会有大量气泡持续冒出。

“耐酸蚀性”实验的失重率曲线如图 11.9 所示，在曲线开始阶段，由于石材表面的草酸钙与硫酸反应，生成硫酸钙，质量会略有增加，然后再下降，所以防护后石材的失重率曲线要比空白石材的曲线平缓。

11.2.4 耐老化效果

防护膜材料的耐老化性能以“耐光老化性”来表征，因为在“耐光老化性”实验中不仅包含了紫外光照，还包括了湿度变化和温度变化，因此，破坏性较强。石材耐光老化性测试结果表明，经历一个月以上的光老化实验，

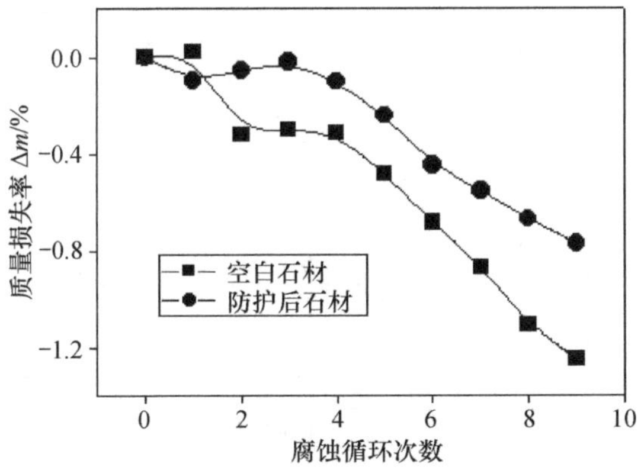

图 11.9　经 COM 仿生防护处理的石材样品的酸蚀曲线

相对于未处理的空白石材样品，经 COM 仿生防护处理的石材样品外观无任何变化，不变黄、不酥碱。

11.2.5　透气效果

“透气性”实验的结果如图 11.10 所示。由透气性曲线可以看出，两条曲线几乎重合，说明仿生矿化的草酸钙保护膜透气性良好，和未经 COM 仿生防护处理的空白石材的透气性几无区别，其原因可能是仿生矿化物与基底岩石的结构和材质有一定的类似性。良好的透气性可以克服一般有机聚合物表面防护材料因透气性差所引起的应力破坏。

11.3　COM 仿生合成的影响因素

从 COM 仿生合成的机理探讨，可知 COM 防护材料的仿生合成过程中，有机模板的浓度、保护膜的层数、石材表面的预处理及成矿离子前驱液是比较重要的影响因素，因此为了确定最佳制备条件，需要考察它们与防护效果之间的关系。常用的方法可以将其中一种因素变化，而将其他因素固定，可是这样设计实验有两个缺点：其一，没有考虑不同因素之间的协同影响；其二，若考虑因素较多，且每一影响因素内部的水平数又较多时，实验量会相

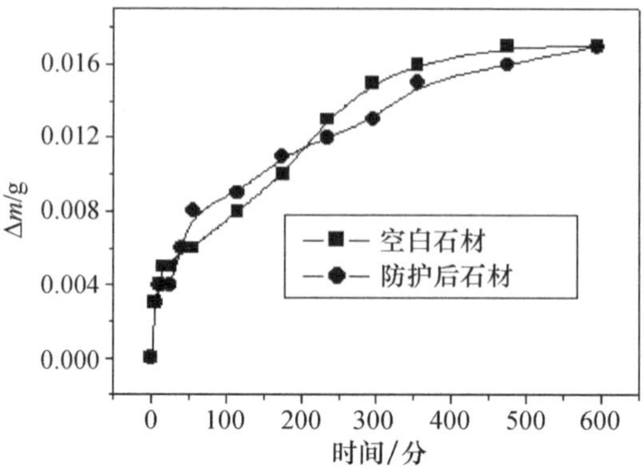

图 11.10 经 COM 仿生防护处理的石材样品的透气性曲线

当大。此时，正交试验就凸显了其在这两方面的优势，正交试验还有一个优点，就是可以比较各个影响因素的影响大小。因此在完成初步制备试验后，选定：A 有机模板（硫酸软骨素）的浓度、B 制备的保护膜的层数、C 石材表面的预清洁方式和 D 草酸钙成矿离子前驱液种类（D1：经过滤的草酸钙亚稳过饱和溶液；D2：未过滤的草酸钙亚稳过饱和溶液；D3：氯化钙稀溶液 + 草酸钾稀溶液）作为考察的 4 个因素，选用 $L_9(3^4)$ 正交表进行“4 因素、3 水平”的正交试验，试验设计如表 11.2 所示。

石材表面仿生合成 $CaC_2O_4 \cdot H_2O$ 防护薄膜的试验主要以接触角、耐污性、耐酸性等作为考察指标。在完成初步制备试验后，确定最佳制备条件的正交试验中，由于耐污性和耐酸性的数值变化不大，正交试验主要以接触角的大小作为考察指标，正交试验结果及数据分析见表 11.2。影响因素的影响大小顺序为 A > D > C > B，即有机模板的影响 > 成矿离子前驱液的影响 > 石材表面预清洁方式的影响 > 防护膜层数的影响。最佳制备条件为：A3、B3、C2、D1，即较浓的有机模板溶液、去除不良结晶中心的过饱和溶液、乙醇清洁和多层成膜。

从正交试验的结果可以看出：

（1）影响因素中，硫酸软骨素的影响最大，这是因为 CaC_2O_4 亚稳过饱和溶液中的钙离子和硫酸软骨素分子中的带负电荷的活性基团—SO_3H 形成一种螯合配位结构，使得钙离子由游离态变为化合态，从而显著降低晶核和膜界间的净自由能。钙离子在有机模板分子主链附近的特定位点上形成比其他位点高的局域浓度，并首先过饱和而形成排列有序的结晶中心，由此形成结

表 11.2　L_9（3^4）正交试验表

序号	A. CS 浓度/%	B. 保护膜层数	C. 表面预处理方式	D. 前驱液	接触角
1	0.01	3	无	过滤	62.4
2	0.01	6	乙醇	不过滤	60.2
3	0.01	9	丙醇	Ca + Ox	60
4	0.02	3	乙醇	Ca + Ox	57.8
5	0.02	6	丙醇	过滤	58.9
6	0.02	9	无	不过滤	58.8
7	0.03	3	丙醇	不过滤	58.2
8	0.03	6	无	Ca + Ox	61.9
9	0.03	9	乙醇	过滤	66.2
κ1	60.9	59.5	61.0	62.5	
κ2	58.5	60.3	61.4	59.1	
κ3	62.1	61.7	59.0	59.9	
R	3.6	2.2	2.4	3.4	
最优条件	A3	B3	C2	D1	

晶颗粒极为细密的草酸钙表面防护膜。而且随着硫酸软骨素浓度的增加，带负电荷的活性基团就越多，石材表面活化程度越高，结晶中心也越多。

（2）草酸钙成矿离子前驱液种类的影响次之，是因为无机成矿离子前驱液过滤后使用，消除了亚稳过饱和溶液中的不良结晶中心，使之尽可能在石材表面异相成核。

（3）石材表面经有机溶剂预清洁较之未清洁的效果优，是由于有机溶剂不仅可以清洁石材基底的表面，而且还影响了晶粒－基质间的界面能，并且乙醇的极性强于丙醇，故引入了更多的羟基，有利于有机模板等与石材表面通过氢键相连。

（4）防护膜层数的影响较小可能是因为，随着层数的增加，会改善防护膜的一些表面缺陷，但由于制备条件的随机波动，这些缺陷并不总是存在，所以对于已经较完善的防护膜，层数增加的意义不是十分明显。

在石材表面，仿生合成结构致密的 COM 防护薄膜，不会改变原石材基底的外观、颜色和手感。正交试验表明，仿生合成影响因素的影响大小顺序为：

A > D > C > B，即有机模板的影响 > 成矿离子前驱液的影响 > 石材表面预清洁方式的影响 > 防护膜层数的影响，为以后的工作指明重点，并优化了防护膜的制备条件，即：

（1）有机模板硫酸软骨素的浓度较高，利于仿生合成；

（2）石材表面用乙醇预清洁；

（3）前驱液为过滤的草酸钙亚稳过饱和溶液；

（4）防护膜层数可以为多层。

防护材料的性能测试结果表明经 COM 仿生防护处理的石材样品，其憎水性、耐污性和防酸性都得到一定的改善和提高。

而且，该法还具有其他一些显而易见的特点：

（1）草酸钙防护膜的材料及其合成过程与被防护的石材没有直接关系，不受基底岩石种类的限制，能适用于各种类型的岩石；

（2）作为一种无机成矿材料，草酸钙与岩石的物理化学性质较为接近，兼容性好，结合牢固；

（3）仿生合成膜的结构致密，没有以往无机盐防护材料在文物表面结壳的问题；

（4）草酸钙是很稳定的无机化合物，耐候性好，不会发生有机高分子防护膜的老化泛黄现象；

（5）尤为重要的是，仿生合成法的操作是在常温常压的条件下进行的，对环境友好，较好地符合了文物保护的要求。

目前，已研究的生物矿化材料的主要无机成分，即碳酸钙、磷酸钙、氧化硅和铁氧化物，均广泛存在于自然界中，甚至有的生物矿物质（如方解石、羟基磷灰石等）从组成和结晶方式来看，与岩石圈中相应的矿物都是相同的。但是和组成相同的天然矿物相比，由于生物矿物受控于特殊的生物过程和生物环境，常常具有极高的选择性和方向性，具有常规同类材料不可比拟的优点和许多特殊的性能。这些不同寻常的性能在于特定的生物条件下，该种材料巧妙的组装过程及其所有的精细的微观结构。因此，通过仿生的方法进行石质文物的表面防护，可以为开拓新型石质文物保护材料和方法提供一种实验室技术和新的思路[21]，必将呈现良好的发展前景。

参考文献

① Mann S. Molecular Techonics in Biomineralization and Biomimketic Materials Chemistry. Nature, 1993, 365 (7): 499-505; Lakes R. Materials with Structural Hierarchy. Nature, 1993, 361 (6412): 511-515; Cha J N, Stucky G D, Morse D E, et al. Biomimetic Synthesis of Ordered Silica Structures Mediated by Block Copolypeptides. Nature, 2000, 403 (6767): 289-292; Davis S A, Dujardin E, Mann S. Biomolecular Inorganic Materials Chemistry. Current Opinion in Solid State and Materials Science, 2003, 7 (4-5): 273-281.

② Aksay I A, Traus M, Mann S, et al. Biominetic Pathways for Assembling Inorganic Thin Films. Science, 1996, 273 (16): 892-898; Stupp S I, Braun P V. Molecular Manipulation of Microstructures: Biomaterials Ceramics and Semiconductors. Science, 1997, 277 (29): 1242-1248; Zhao X K, Yang J, McCormick L D, et al. Epitaxial Formation of PbS Crystals under Arachidic Acid Monolayers. The Journal of Physical Chemistry, 1992, 96 (24): 9933-9939; Rao C N R. Novel Materials, Materials Design and Synthetic Strategies: Recent Advances and New Directions. Journal of Materials Chemistry, 1999, 9 (1): 1-14.

③ Arias J L, Fernandez M S. Biomimetic Processes through the Study of Mineralized Shells. Materials Characterization, 2003, 50 (2-3): 189-195; Fendler J H. Biomineralization Inspired Preparation of Nanoparticles and Nanoparticulate Films. Current Opinion in Solid State & Materials Science, 1997, 2 (3): 365-369.

④ Bunker B C, Rieke P C, Tarasevich B J, et al. Ceramic Thin Film Formation on Functionalized Interfaces through Biomimetic Processing. Science, 1994, 264 (1): 48-55; Calvert P. Biomimetic Mineralization in and on Polymers. Chemistry of Materials, 1996, 8 (8): 1715-1727; Firouzi A, Kumar D, Bull L M, et al. Cooperative Organization of Inorganic-Surfactant and Biomimetic Assemblies. Science, 1995, 267 (5201): 1138-1143.

⑤ Margolis H C, Beniash E, Fowler C E. Role of Macromolecular Assembly of Enamel Matrix Proteins in Enamel Formation. Journal of Dental Research, 2006, 85 (9): 775-793; Orr G W, Barbour L J, Atwood J L. Controlling Molecular Self-Organization: Formation of Nanometer-Scale Spheres and Tubules. Science, 1999, 285 (5430): 1049-1052; Huo Q, Leon R, Petroff P M, et al. Mesostructure Design with Gemini Surfactants: Supercage Formation in a Three-Dimensional Hexagonal Array. Science, 1995, 268 (5215): 1324-1327.

⑥ Aksay I A, Trau M, Manne S, et al. Biominetic Pathways for Assembling Inorganic Thin Films. Science, 1996, 273 (16): 892-898; Fendler J H. Biomineralization Inspired Preparation of Nanoparticles and Nanoparticulate Films. Current Opinion in Solid State & Materials Science, 1997, 2 (3): 365-369; Hosoda N, Sugawara A, Kato T. Template Effect of Crystalline Poly (vinyl alcohol) for Selective Formation of Aragonite and Vaterite $CaCO_3$ Thin Films. Macromolecules, 2003, 36 (17): 6449-6452; Küther J, Tremel W. Template Induced Crystallization of Biominerals on Self-Assembled Monolayers of Alkylthiols. Thin Solid Films, 1998, (8): 327-329、554-558.

⑦ Bunker B C, Rieke P C, Tarasevich B J, et al. Ceramic Thin Film Formation on Functionalized Interfaces through Biomimetic Processing. Science, 1994, 264 (5155): 48-55.

⑧ Bunker B C, Rieke P C, Tarasevich B J, et al. Ceramic Thin Film Formation on Functionalized Interfaces through Biomimetic Processing. Science, 1994, 264 (1): 48-55; Calvert P. Biomimetic Mineralization in and on Polymers. Chemistry of Materials, 1996, 8 (8): 1715-1727; Firouzi A, Kumar D, Bull L M, et al. Cooperative Organization of Inorganic-Surfactant and Biomimetic Assemblies. Science, 1995, 267 (5201): 1138-1143.

⑨ Tunik L, Fueredi-Milhofer H, Garti N. Adsorption of Sodium Diisooctyl Sulfosuccinate onto Calcium Oxalate Crystals. Langmuir, 1998, 14 (12): 3351-3355.

⑩ Whipps S, Khan S R, O' Palko F J, et al. Growth of Calcium Oxalate Monohydrate at Phospholipid Langmuir Monolayers. Journal of Crystal Growth, 1998, 192 (1-2): 243-249.

⑪ Letellier S R, Lochhead M J, Campbell A A, et al. Oriented Growth of Calcium Oxalate Monohydrate Crystals beneath Phospholipid Monolayers. Biochimica Biophysica Acta, 1998, 1380 (1): 31-45.

⑫ Bouropoulos N, Weiner S, Addadi L. Calcium Oxalate Crystals in Tomato and Tobacco Plants: Morphology and in Vitro Interactions of Crystal-Associated Macromolecules. Chemistry, 2001, 7 (9): 1881-1888.

⑬ Shirane Y. Kurokawa Y, Sumiyoshi Y, et al. Morphological Effects of Glycosaminoglycans on Calcium Oxalate Monohydrate Crystals. Scanning Microscopy International, 1995, 9 (4): 1081-1088.

⑭ 钟玖平，欧阳健明，郑文杰，等. 硫酸软骨素 A 对草酸钙晶体生长和聚集的影响. 化学世界，2003，2：59-62.

⑮ Sheng X X, Ward M D, Wesson J A. Adhesion Between Molecules And Calcium Oxalate Crystals: Critical Interactions in Kidney Stone Formation. Journal of the American Chemical. Society, 2003, 125 (10): 2854-2855.

⑯ Khan S R, Whalen P O, Glenton P A. Heterogeneous Nucleation of Calcium Oxalate Crystals in The Presence of Membrane Vesicles. Journal of Crystal Growth, 1993, 134 (3-4): 211-218.

⑰ Volpi N, Mucci A, Schenetti L. Stability Studies of Chondroitin Sulfate. Carbohydrate Research, 1999, 315 (3-4): 345-349.

⑱ Shirane Y, Kurokawa Y, Miyashita S, et al. Study of Inhibition Mechanisms of Glycosaminoglycans on Calcium Oxalate Monohydrate Crystals by Atomic Force Microscopy. Urological Research, 1999, 27 (6): 426-431.

⑲ Ouyang J M, Deng S P. Controlled and Uncontrolled Crystallization of Calcium Oxalate Monohydrate in the Presence of Citric Acid. Dalton Transactions, 2003, 14: 2846- 2851.

⑳ 呼世斌，黄蔷蕾．无机及分析化学．北京：高等教育出版社，2001：472-483；佩兰特．岩石与矿物．北京：中国友谊出版社，2000：98-99；胡家燕．结石与结石矿物．http：//www. Mygem. Com. Cn/Guanshangshi / Gss_ 010. Htm，2003-08-27.

㉑ Liu Q, Zhang B J, Shen Z Y, et al. A Crude Protective Film on Historic Stones and its Artificial Preparation through Biomimetic Synthesis. Applied Surface Science, 2006, 253 (5): 2625-2632.

第十二章　劣化岩石的仿制

石质文物的保护包括表面防护和加固两个方面。表面防护可以用耐酸性、耐污性、憎水性等指标直接表征。加固保护虽然可以用抗冻融试验或抗盐结晶破坏等试验来表征，但加固后，石材强度的直接变化却难以测量。

但在实际环境中，已劣化比较严重的石质文物表面酥化、起甲、掉粉，几乎稍触即碎，轻抚即落，本身的抗压强度很低，这种文物急待加固保护，其紧迫程度甚至甚于表面防护。

根据这种情况，我们在日常工作中，借鉴岩土工程学的相关知识[①]，用粉末碳酸钙和颗粒碳酸钙仿制了较为类似的劣化岩石样品。仿制的样品在干燥完全的情况下也有一定的抗压强度，但是并不大，用各种保护材料处理后，其前后强度的变化可以直接简单地用相关仪器进行测量，极大地方便了石质文物保护材料加固效果的表征。

12.1　仿制方法

12.1.1　材料

颗粒 $CaCO_3$，含水率 $< 0.01\%$，100 目过筛；

粉末 $CaCO_3$，含水率 $< 0.08\%$，1000 目过筛。

12.1.2　仪器和设备

不锈钢圆筒压实模具如图 12.1 所示，参照 1999 年 6 月 10 日发布、1999 年 10 月 1 日实施的《中华人民共和国土工试验方法国家标准》自行设计定制。

压实模具的相关参数：①压实筒的尺寸，∅39.8 mm × 80 mm；②击锤的质量，566.5 g；③最大落差，277 mm；④最大压实功，1159.42 kJ/m^3。

测试仪器为 YC－125B 拉力试验仪（上海银驰仪器股份有限公司）。

12.1.3　制备方法

压实模具清洗干净，干燥待用。按一定比例，准确称取总量为 150 g 的颗粒和粉末 $CaCO_3$，混合均匀后，加入一定量的水，继续充分混合。移入压实模具中压实，每次击 50 次，压实后将样品自模具中取出，所制得的样品如图 12.1 所示。自然干燥一定时间后，测定样品的抗压强度。

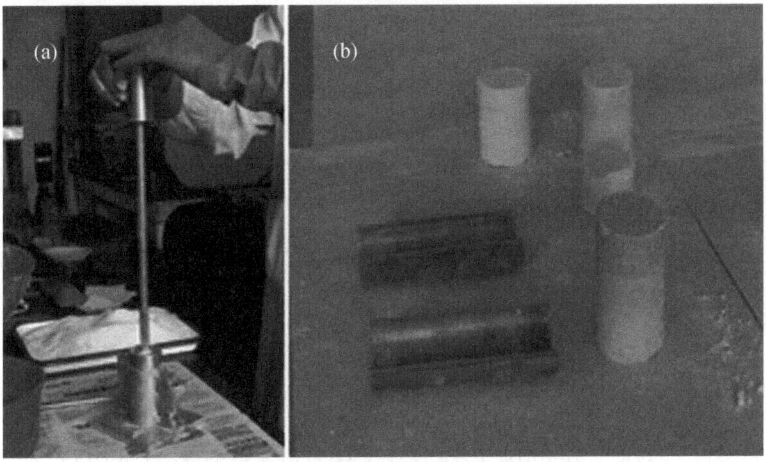

图 12.1　样品制备示意图

（a）压实模具；（b）制得样品模块

12.1.4　物理性质指标确定

样品的抗压强度由 YC－125B 拉力试验仪测得。因实验过程中，在同一模具中制备的仿制样品的横截面积一致，故实验中抗压强度的测量结果直接以仪器的示值表示，单位为 N。

样品的干密度 ρ_d 即单位体积中颗粒和粉末 $CaCO_3$ 的总质量，按式（12.1）计算：

$$\rho_d = \frac{\text{碳酸钙的质量}}{\text{样品的总体积}} = \frac{m_s}{V} \tag{12.1}$$

12.2 结果与讨论

12.2.1 压实原理及压实特性

濒危石质文物的仿制借鉴了岩土加固工程的压实原理[②]。

岩土加固工程中广泛应用到填土，其在土遗址文物保护上也有广泛应用。为了提高填土的强度，增加土的密实度，减小压缩性和渗透性，一般填土都要经过夯打、振动或辗压等方法压实，从而改善其工程性质，保证地基和土工建筑物的稳定。

土料的压实性是指填土或土料在反复冲击荷载作用下能被压实的特性。土料压实就是指土料在压实能量作用下，水包裹的土颗粒克服颗粒间阻力，产生位移，填充到土粒间的空隙里，土颗粒重新排列，排走空气占有的空间，使土中的孔隙率减小，密实度增加。土料压实过程就是在外力作用下，土料的三相（空气、水、土）重新组合的过程。显然，同一种土，干密度越大，孔隙率越小，土越密实。

实验表明，细粒土和粗粒土具有不同的压实性质。不同的含水率，其压实密度也不相同，因此要确定颗粒度及一个对应的最佳含水率，以达到最好的压实效果[③]。

由于濒危石质文物的仿制借鉴了岩土加固工程的压实原理，为了使仿制样品强度最佳，即压实效果最好，亦需确定最佳的颗粒粉末比、加水量及干燥时间等因素的影响。

12.2.2 含水率的影响

样品按照“12.1 仿制方法”方法制备，碳酸钙颗粒和粉末量固定，每次均按颗粒与粉末比为1∶1 的比例称量，和以不同量的水，得到不同含水量的碳酸钙样品，用完全相同的方法压实。每次的加水量分别为：10.0mL、

12. 5mL、15. 0mL、17. 5mL、20. 0 mL。

压实后，测出压实样品的含水率和干密度，以含水率为横坐标，干密度为纵坐标，绘制一条曲线，如图 12. 2 所示，该曲线即为压实曲线。压实制得的仿制样品干燥一周后进行抗压强度的测定，同样，以含水率为横坐标，抗压强度为纵坐标，绘制一条曲线，如图 12. 3 所示。

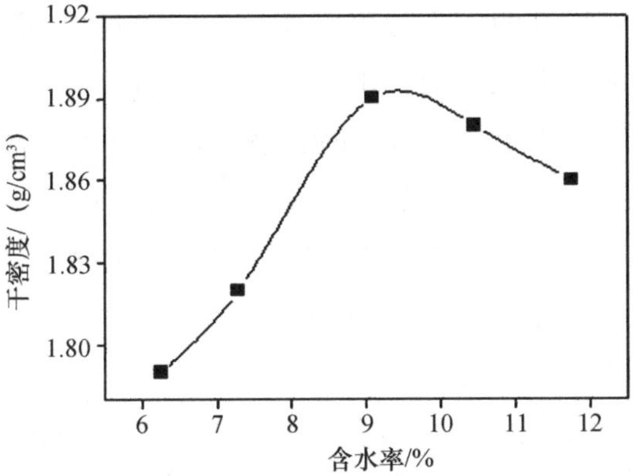

图 12. 2　碳酸钙颗粒和粉末比 1∶1 时，按不同含水率仿制的样品的压实曲线

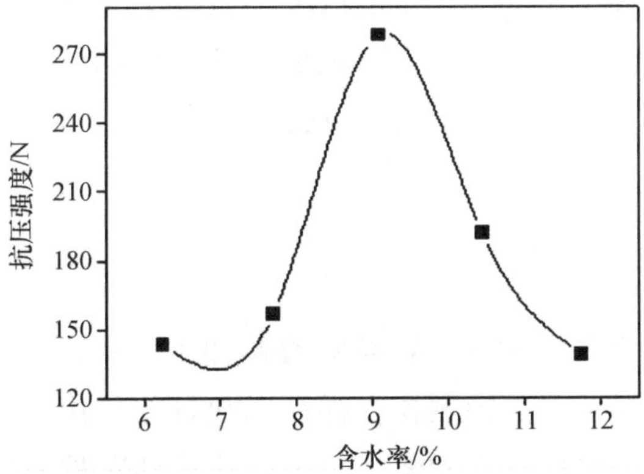

图 12. 3　碳酸钙颗粒和粉末比 1∶1 时，按不同含水率仿制的样品的抗压强度—含水率的关系曲线

如图 12. 2 所示，压实曲线具有如下特征：

（1）曲线具有峰值。峰值点对应的纵坐标为最大干密度，约为 1. 90 g/cm^3，对应的横坐标为最优含水率，约为 9. 5% 。最优含水率是在一定压实功的作用下，使碳酸钙最容易压实，并能达到最大干密度的含水率。

（2）当含水率低于最优含水率时，干密度受含水率的变化影响较大。与碳酸钙偏湿时相比，在碳酸钙偏干时，含水率的变化对干密度的影响更加明显。因此，压实曲线的左半段（低于最优含水率）比右半段（高于最优含水率）的坡度陡。

含水率的大小对样品的压实效果影响极大。在同一压实功的作用下，当碳酸钙含水率小于最优含水率时，随含水量的增大，压实后干密度增大；而当碳酸钙样的含水率大于最优含水率时，随含水率增大，压实后干密度减小。究其原因，是因为：当碳酸钙样品较干燥时，样品中所含水处于较强结合水的状态，碳酸钙粉粒之间摩擦力、黏结力都很大，粉粒的相对移动困难，因而不易被压实。当含水率增加时，水的薄膜变厚，摩擦力和黏结力都减小，粉粒之间彼此容易移动。因此，随着含水率增大，碳酸钙的压实干密度增大，至最优含水率时，干密度达到最大值。当含水率超过最优含水率后，水所占据的体积增大，限制了颗粒进一步接近，含水率愈大，水占据的体积愈大，颗粒所能占据的体积愈小，因而干密度逐渐变小。由此可见，在一定压实功的作用下，含水率的不同改变着压实效果[④]。

由图 12. 3 抗压强度—含水率的关系曲线也可以看出：干燥后，压实制得的仿制样品的抗压强度随含水率的增加亦增加，至最优含水率时达到最大值，然后，随着含水率的继续增加，抗压强度开始下降。

12. 2. 3 粉粒比的影响

仿制样品是由粉末碳酸钙、颗粒碳酸钙和水拌和，经压实、干燥、硬化而成的多相复合材料。碳酸钙颗粒在样品中起骨架作用，并抑制样品的干燥收缩；碳酸钙粉末和水形成水粉浆，包裹在碳酸钙颗粒表面并填充颗粒间的空隙。水粉浆体在压实前起润滑作用，使仿制样品拌和物具有良好压实性能，压实后将颗粒黏接在一起，形成较坚强的仿制样品整体。

在相同压实功的作用下，碳酸钙颗粒越多，最大干密度就越大，最优含水率就越小，但如果缺少粉末的润滑和黏接，就不易压实成型。而碳酸钙粉末较多，仿制样品的强度又受到一定的影响。

为了确定仿制样品所需要的最佳颗粒粉末比例，加水量固定为 12. 5 mL，变化颗粒粉末比，按照“12.1 仿制方法”方法制备了不同的颗粒粉末比例的仿制样品，一周后，测量其抗压强度。样品的抗压强度及其碳酸钙颗粒和粉末的比例如表 12.1 所示。

表 12.1　不同颗粒粉末比的仿制样品的干密度和含水率的关系

序号	颗粒/粉末	抗压强度/N	干密度/(g/cm^3)
1#	150/0	—	—
2#	120/30	—	—
3#	90/60	175.249	1.99
4#	60/90	208.508	1.73
5#	30/120	115.269	1.56
6#	0/150	—	—

其中 1#样品、2#样品和 6#样品均不能压实成型，根本无法测得其抗压强度。对比可以压实成型的 3#样品、4#样品和 5#样品，可以看出：3#样品和 4#样品的干密度和抗压强度相对都比较好。因此，可以得出，当碳酸钙颗粒和粉末的量较一致时，仿制样品能够较好地压实成型，且抗压强度亦较高。

12.2.4　含水率与粉粒比的协同影响

仿制样品按照“12.1 仿制方法”方法制得，碳酸钙颗粒和粉末的比例分别为：120/30，90/60，60/90。每一种不同比例的样品系列都加三种不同的水量，加水量分别为：12.5 mL，15.0 mL，17.5 mL。计算不同样品的干密度，并于一周后，测量抗压强度，结果如图 12.4 和图 12.5 所示。

由图中所示结果可知：

（1）所有样品中，60 g 碳酸钙颗粒、90 g 碳酸钙粉末和 15.0 mL 水混合制得的仿制样品的抗压强度值最高，约为 160 N。

（2）对比碳酸钙颗粒和粉末比按 60/90 的比例混合制得的样品，碳酸钙颗粒和粉末比按 90/60 的比例混合制得的样品的干密度普遍要大一些。但是在实际压实过程中，这 3 种样品都不同程度地有水从压实模具中溢出，加水量自 12.5 mL 至 17.5 mL 越来越明显，溢出水带走部分的碳酸钙料，影响了数据的准确性。

总结以上含水率及粉粒比的影响实验数据，将碳酸钙颗粒 75 g、碳酸钙

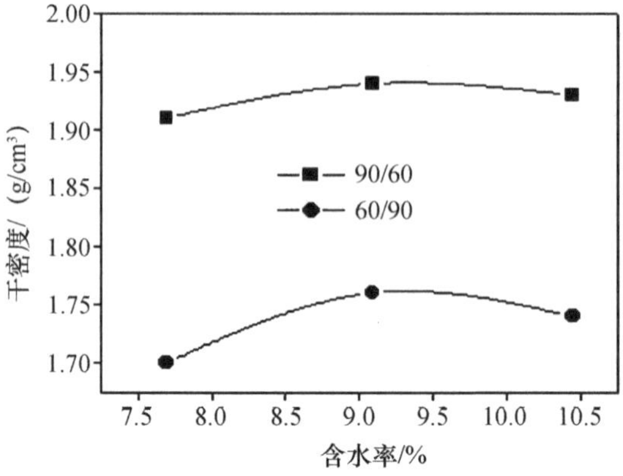

图 12.4　加水量和粉粒比均变化时，仿制样品的干密度与含水率的关系曲线

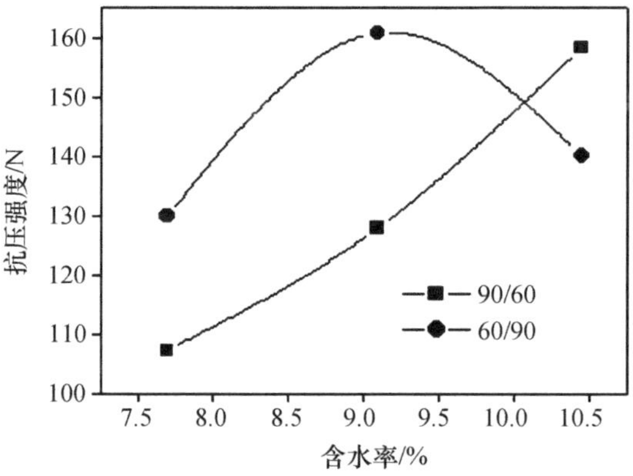

图 12.5　加水量和粉粒比均变化时，仿制样品的抗压强度与含水率的关系曲线

粉末 75 g、水 15 mL 混合，重新按照“12.1 仿制方法”方法制样。一周后，测其抗压强度，测量值约为 220 N，比上述的仿制样品的值都高。

12.2.5　干燥时间的影响

压实样品干燥保养时间对仿制的碳酸钙的最终强度影响很大。根据岩土工程的经验数据，土样品在保养 7 天后，强度可以达到最终强度的 70% 左右，而 14 天和 28 天后则可达到 85% 左右和 90% 左右。

将 75 g 碳酸钙颗粒、75 g 碳酸钙粉末、15 mL 水充分混合均匀，样品按照“12.1 仿制方法”方法制备。用完全相同的方法制备多个碳酸钙仿制样品，其中一个样品，测试其质量随时间的变化，另外的样品每经过一段时间，测试其抗压强度的变化。

图 12.6 为压实样品的质量随时间的变化曲线，可以看出：在开始的前两天，由于水分的挥发，样品质量明显下降，大约下降了 7.61%；第 2 天至第 3 天，由于结合水的进一步挥发，样品质量略有变化，仅下降了 0.20%；此后，样品质量基本趋于稳定，几无变化。

图 12.7 为压实样品的抗压强度随时间的变化曲线，可以看出：经过 2 天后，尽管样品的质量已变化不大，表面看来近干燥，但抗压强度较低，约为 140 N。4 天后，抗压强度略有增加，但变化不大，只增加了 10 N 左右。而一周后，样品的抗压强度明显提高，增加了接近 100 N，达到 220 N 以上。其后，变化不再明显。

因此，无论是从质量变化角度分析，还是从抗压强度变化角度分析，样品干燥一周的时间已经足够满足需要。

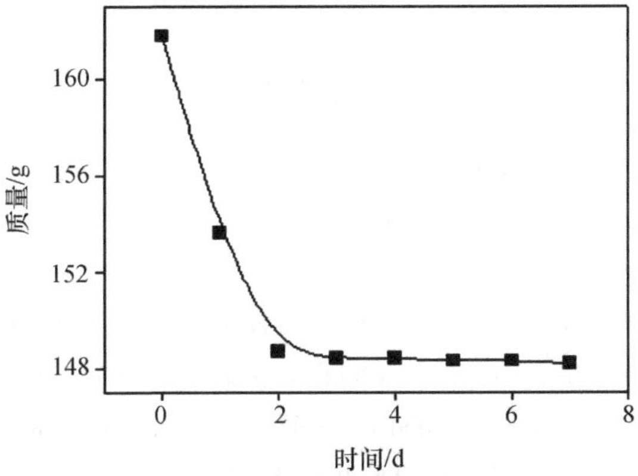

图 12.6　碳酸钙颗粒和粉末的量及加水量固定时，压实样品的质量随时间的变化曲线

通过借鉴岩土工程力学的相关知识，仿制了劣化的岩石样品，为濒危石质文物的加固研究提供了直接的研究对象，方法简单易行，所用原料价廉、易得，仿制样品制备的相关工艺参数如下：

（1）碳酸钙总量 150 g；

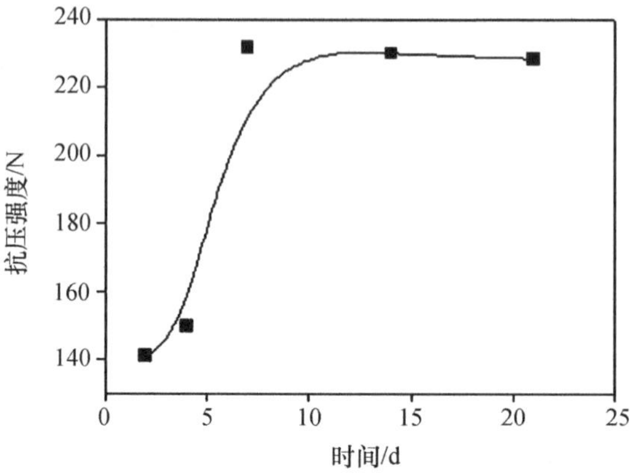

图 12.7　碳酸钙颗粒和粉末的量及加水量固定时，
压实样品的抗压强度随时间的变化曲线

（2）碳酸钙颗粒和粉末的质量比为 1/1；

（3）加水量 15 mL；

（4）干燥保养时间 7 天；

（5）样品的抗压强度为 200 ~ 250 N。

参考文献

① Hartley A. Soil Mechanics Level IV：Soil Properties. Plymouth：Macdonald & Evans Ltd，1984：62-80；姚仰平．土力学．北京：高等教育出版社，2004：3-37；杨平．土力学．北京：机械工业出版社，2005：6-37.

② 李镜培，赵春风．土力学．北京：高等教育出版社，2004：4-25；Das B M. Advanced Soil Mechanics. Washington：Hemisphere Publishing Corporation，1983：36-48；Craig R F. Soil Mechanics. 2nd ed. New York：Van Nostrand Reinhold Company，1978：18-24.

③ 张振营．岩土力学．北京：中国水利水电出版社，2000：134-135.

④ 陈仲颐，周景星，王洪瑾．土力学．北京：清华大学出版社，1994：1-35.

第十三章　濒危石质文物的仿生加固

13.1　濒危石质文物仿生加固的探索

在我国，自古代起，人们就开始利用糯米浆、大豆蛋白胶、杨桃汁、蛋清、动物胶和动物血等天然材料作为建筑物的黏结加固材料[①]。例如：

绵亘百余里的“钱塘江明清鱼鳞大石塘”（图 13.1），它是代表了我国古代与近代海塘工程技术的顶峰之作，也是重要的科技文化遗产，因此与长城、大运河并称为我国古代三项最著名和伟大的建筑工程。

图 13.1　钱塘江鱼鳞海塘，盐官[②]

钱塘江明清鱼鳞大石塘建造于明朝嘉靖年间，高十八层，顶宽四尺五寸，底宽一丈二尺，皆由千斤重的条石砌成。条石用铁榫扣接，并用糯米浆和灰浆砌筑，似鱼鳞层层叠叠，故称鱼鳞海塘[③]。几百年来，为钱塘江河口防洪、防潮发挥了重要作用，虽经风吹日晒雨淋，特别是海潮的冲刷、海水的浸泡，依然坚固，发挥着海防的重要作用。堤上有清朝雍乾年间的石碑，碑文记载了当年遭遇特大潮汛而海塘安然无恙、两岸人民欢呼雀跃的情景：“越七年秋汛盛长儿至泛吏民震恐而风息波止堤防无恙远近欢呼于一片荒芜之中。”

在内陆的江河上，同样也有许多堤坝用糯米浆成功加固的事例。如始建于清末宣统年间的松花江堤防，“堤长四里，临水坡以条石砌护，用白灰、黏土、糯米浆灌缝”。宣统三年（1911 年），“七月大霖雨，江（松花江）盛涨，堤且漫”。经加高培厚未决堤[4]。

此外，像南京、西安、荆州等地的古城墙，据记载都浇灌一种用石灰、糯米汁（高粱汁）或再加桐油掺和而成的“夹浆”，凝固后黏着力很强，使城墙能够经久不坏[5]。最近，文物工作者在对西安城墙进行改造建设时，发现城墙砖块之间的结合非常紧密，城墙砖体暴露在外的灰缝层如石头一样坚硬，甚至比现代水泥混凝土还要结实。科技人员采用化学鉴定和红外光谱分析法对其进行了科学分析，证实了城砖灰块中的确含有糯米成分，使得城墙历经数百年而结实坚固[6]。

浙江大学张秉坚教授认为中国古代建筑材料中的配方具有现代复合材料的某些特点，即通过无机/有机相互协同的效应，达到了较好的加固效果，糯米浆具有一定的生物矿化的模板作用，即糯米浆的生物大分子对碳酸钙的结晶和生长起到了调控作用，使方解石结晶体的大小和形貌具有一定程度的有序性[7]。

我们在研究中也发现这些古代配方蕴涵的现代设计理念，不仅体现在生物大分子对结晶体的大小和形貌的控制，甚至结晶体的晶型也发生了明显的变化。如碳酸钙在糯米浆和蛋清的反应环境中，晶体的晶型发生由方解石到文石或球霰石的变化趋势，这一点从图 13. 2、图 13. 3 选用相同的反应物，在不同反应环境中得到的碳酸钙晶体的 XRD 图中可以清楚地看到。图 13. 4 是选用相同的反应物，在不同反应环境中得到的碳酸钙晶体的 TEM 图，可以看到碳酸钙晶体的大小和形状也都发生了明显的变化，此外，由图中还可看出，在蛋清和淀粉反应环境中，得到的碳酸钙晶体的球形结构较糯米浆环境中的明显，很显然可以归因于生物模板的控制作用，因为蛋清是含有羧基和氨基的蛋白质，糯米浆是含有羟基的多糖，前者和无机矿物离子成键结合能力更强[8]。

这些天然的黏结加固材料不仅具有良好的加固效果，而且经济，无污染。如果应用到现在文物建筑修复中，既不会改变文物的外貌，又不会引入新的破坏因素。因此，在现在文物建筑修复时，也有应用。例如，文物部门对位于福建省漳浦县的国家级文物保护单位赵家堡、诒安堡进行维修、加固时，修复城墙所需的三合土，按传统工艺制作，即将糯米磨成粉状，加入少量冷水和匀，并加入适量红糖，喷洒于夯土中，翻锄搅匀，较好地遵照了“不改变文物原状”的修缮原则⑨。

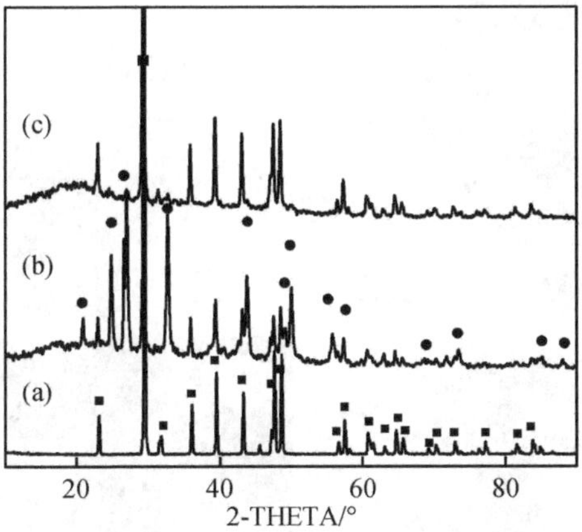

图 13.2　不同反应环境中得到的碳酸钙粉末 XRD 图

（a）纯水；（b）淀粉溶液；（c）糯米浆溶液

■—方解石，●—球霰石

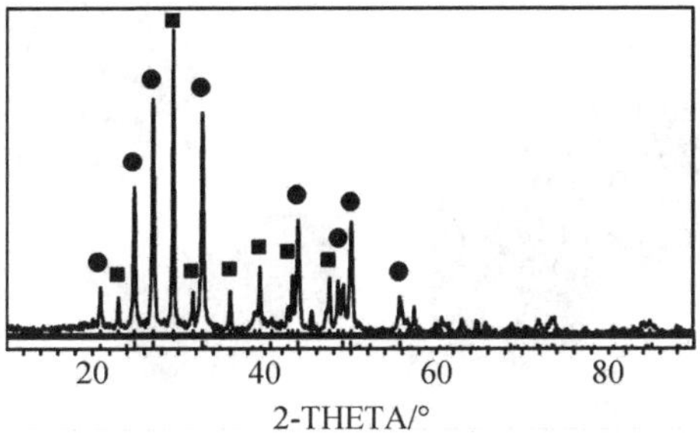

图 13.3　蛋清反应环境中得到的碳酸钙粉末 XRD 图

■—方解石，●—球霰石

糯米汁等植物类黏结加固材料的主要成分是淀粉，即多糖或植物蛋白；而动物胶等动物类黏接加固材料主要是胶原一类的蛋白质、磷脂或软骨素等。生物矿化的控制模板——生物体的分泌物，主要成分亦是胶原蛋白或生物性粘多糖。从上述两点恰好可以看到交叉的契合点，即一方面，生物性粘多糖和胶原蛋白等都是人们生活中常用的胶粘加固材料；一方面，又是生物矿化作用的模板材料。因此，从理论上讲，以生物有机大分子为模板合成的石质文物表面防护材料在应用过程中，随着防护材料在石材表层渗透深度的增加，同样应该具有加固功能。

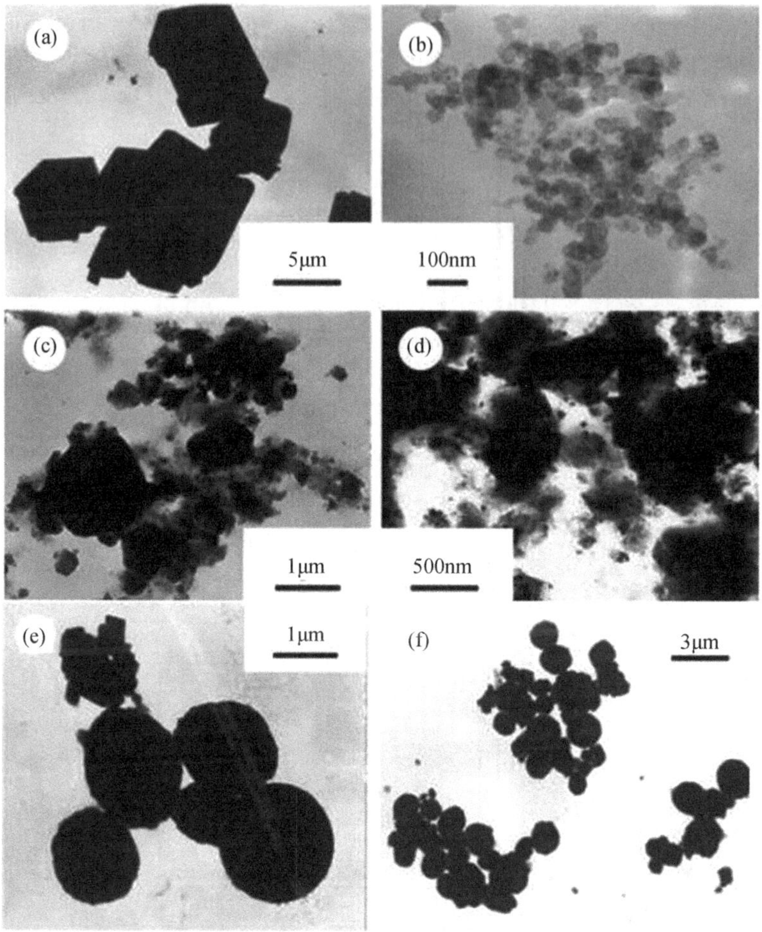

图 13.4　不同反应环境中得到的碳酸钙粉末 TEM 图
（a）纯水；（b）淀粉溶液；（c、d）糯米浆溶液；（e、f）蛋清溶液

13.2　仿生加固实验

为了实验证明仿生加固濒危石质文物的操作可行性，我们以草酸钙 Oxalate 为加固材料，以仿制的劣化岩石样品作为加固对象，考察了仿制样品加固后的抗压强度和表面硬度的变化，以及抗水浸泡分解的能力。

实验中，预先配制好无机成矿离子溶液和有机模板溶液。石质文物的仿生加固研究，采用三种仿生加固方式，分别为：

（1）表面渗透Ⅰ：预先制备一系列的劣化岩石仿制样品，然后，在仿制样品的表面先渗透有机模板溶液，待其完全渗透后，再渗透无机成矿离子的过饱和溶液，未经处理的劣化岩石仿制样品作为空白对照样品。

（2）表面渗透Ⅱ：同“表面渗透Ⅰ”类似。预先制备一系列的仿制样品，然后，将无机成矿金属离子溶液与有机模板溶液混合，取其在仿制样品的表面渗透，待其完全渗透后，再渗透无机成矿的阴离子溶液。

（3）直接混合：将有机模板溶液和无机成矿离子的过饱和溶液混合，与碳酸钙颗粒、粉末充分混合，然后以劣化岩石的仿制方法将其压实。

制作完毕的样品均干燥一周后，进行各项性能检测。

加固性能的表征可以直接采用合适仪器测定样品的抗压强度与表面硬度，或者测量样品的耐浸泡性，即，将样品完全浸没在水中，直至其坍塌。记录样品保持成型、不坍塌的时间，以该时间的长短来表示处理样品的耐浸泡性。

草酸钙 CaC_2O_4 系列保护材料的加固性能检测结果见表 13.1，由表 13.1 可以看出：

表 13.1　草酸钙系列仿生矿化材料对仿制样品的加固性能测试结果

样品编号[a]	有机模板	加固方式[b]	抗压强度 N	耐浸泡性[c]天	表面硬度 HA
OS1#	CS	（1）	101	>180	57
OS2#	CS	（2）	234	>180	62
OS3#	CS	（3）	801	0	97
OC1#	Collagen	（1）	60	30	39
OC2#	Collagen	（2）	118	>180	61
OC3#	Collagen	（3）	303	0	88
OG1#	Glutin	（1）	86	30	38
OG2#	Glutin	（2）	116	30	50
OG3#	Glutin	（3）	282	0	93
OL1#	Lecithin	（1）	101	30	54
OL2#	Lecithin	（2）	207	>180	60
OL3#	Lecithin	（3）	212	0	78
ON3#	Nature	（3）	975	2	91
综合性能指数	/	/	3596	>842	868

注：（a）样品编号说明：以 OS1#为例，O 草酸钙 Oxalate 系列，S 有机模板种类（有机模板：CS—硫酸软骨素；Collagen—胶原蛋白；Glutin—明胶；Lecithin—卵磷脂），1 加固方式；（b）加固方式（参见“8.2.3.3 仿生加固”）：（1）表面渗透Ⅰ，（2）表面渗透Ⅱ，（3）直接混合；（c）“耐浸泡性”试验仍在进行。

（1）三种加固方式中，以“直接混合”的加固效果最佳。与未加固处理的仿制样品的抗压强度（约为200 N）比较，抗压强度最佳的样品ON3#，其抗压强度为975.67 N，提高了387.8%；次佳的样品OS3#，其抗压强度为801.34 N，亦提高了300.7%。其他几种以“直接混合法”加固的样品，其抗压强度也有不同程度的提高。这说明用于表面仿生防护的保护材料确有加固效果。

（2）三种加固方式中，以“表面渗透Ⅰ”和“表面渗透Ⅱ”加固处理的样品抗压强度几乎没有提高，甚至会有所下降，这是因为仿制样品预先制备好后，如果再在其表面滴溶液，会导致湿胀效应，引起应力破坏，降低样品的抗压强度。在实际应用中，虽然“直接混合法”的可行性较小，但对于濒危石质文物的保护，一般均会对风化严重的表层先进行处理，再加固保护，所以“表面渗透法”引起的应力差可以通过施工工艺的优化而消除。

（3）加固后的样品，不仅抗压强度有所提高，其耐水浸泡和抗水分解的能力也有大幅提高。未处理的仿制样品，浸入水中立即坍塌，而处理后的样品，最佳的则可以浸泡180天仍未坍塌，如图13.5所示。

图13.5 经草酸钙仿生加固的仿制样品浸泡180天后的情形

与样品抗压强度的测试结果不同，三种加固方式中，以“表面渗透Ⅰ”和“表面渗透Ⅱ”方法加固处理的样品，尽管其抗压强度几乎没有提高，但耐浸泡性良好；而以“直接混合”法加固处理的样品，尽管其抗压强度提高较大，但耐浸泡性却较差。这是因为采用“表面渗透”法，由于加固材料的渗透，易在样品的表面形成一层防护层，浸泡时阻挡了水的进一步破坏；而采用“直接混合”法，虽然混合均匀，抗压强度增加，但样品的表层和内部情形一致，由于表面防护层的缺失，故浸泡时很快就坍塌了。

（4）部分样品的耐浸泡天数一致，如 OC1#、OG1#、OG2#和 OL1#等样品的耐浸泡时间均为 30 天，是由于在浸泡过程中，水分挥发，浸泡用水减少，补充水分时，水流冲刷引起的破坏造成的。但考虑实际运用时的复杂性，仍以该时间作为检测结果。

（5）相对于未加固处理的空白样品（表面硬度约 40 HA，5 点测量取平均值，制样一周后测量），加固后样品的表面硬度也有所改善，特别是表面较坚固不容易被戳进的样品，都达到了 90 HA 以上的硬度，提高了一倍以上。表面硬度值较低的样品从侧面证明了此样品的抗压强度也比较低。

综合样品的抗压强度、耐浸泡性和表面硬度的测试结果，表明使用草酸钙仿生加固濒危石质文物的方法是可行的。

仿生加固的加固作用，一方面来自有机模板的黏接作用；另一方面来自无机材料填充了石材的空隙，孔隙率的降低增大了石材的强度。当然，更深层次的原因有待进一步的研究，如无机成矿离子在生物模板的作用下，由于晶体的形状、大小，甚至晶型的变化，引起的物理化学性质的改变对材料力学性能的影响。

参考文献

① 黄克忠．文物建筑材质的研究与保存．东南文化，2003，9：93-96；庄敏信．传统灰作基本操作与应用研究．中原大学硕士学位论文，2003．

② 徐玲芬．盐官的味道（上）．嘉兴日报，2006-10-27（18）．

③ 余焕阳，陈单．钱塘江明清古海塘旅游资源的保护与开发．浙江水利科技，2004，4：9-10．

④ 季山．民国以前嫩江、松花江的水患与堤防工程．黑龙江水专学报，1999，2：1-4．

⑤ 王新生．古城墙修缮技术及运用初探．古建园林技术，2004，1：20-22．

⑥ 原建军，李楠．现代技术鉴定证实传说：西安城墙砖缝搀进糯米汁．http：//cn. news. yahoo. com/050218/346/2924d. html，2005-02-18 15．

⑦ Yang F W，Zhang B J，Ma Q L. The Study of Sticky-rice Lime Mortar Technology for the Restoration of Historical Masonry Constructions. Accounts of Chemical Research, 2010, 43 (6): 936-944.

⑧ Liu Q, Liu Y J, Zeng K W, et al. Advanced Design of Chinese Traditional Materials for the Conservation of Historic Stonebuildings. Journal of Archaeological Science, 2011, 38: 1896-1900.

⑨ 刘丽英. 糯米浆红糖水加固土楼：文物部门将以传统工艺修复赵家堡诒安堡. 厦门晚报, 2006-07-04 (4).